CÉDER SON ENTREPRISE

Groupe Eyrolles
61, bd Saint-Germain
75240 Paris Cedex 05
www.editions-eyrolles.com

Alexandre Grevet

CÉDER SON ENTREPRISE

PRÉPARER – ANTICIPER – OPTIMISER

À jour des dernières réformes fiscales

EYROLLES

Sommaire

PARTIE 1

ORGANISER L'ENTREPRISE AVANT LA CESSION

Chapitre 1

L'audit de l'entreprise

Chapitre 2

Transformer l'entreprise individuelle en société

Chapitre 3

Transformer une SARL en SAS

Partie 3

Fiscalité de la cession

Chapitre 9

L'exonération des plus-values en fonction du montant des recettes

Chapitre 10

L'exonération des plus-values en fonction de la valeur des éléments cédés

Chapitre 11

L'exonération des plus-values pour départ à la retraite

Chapitre 12

L'exonération de la plus-value en cas de cession au sein du groupe familial (cession intrafamiliale)

PARTIE 4
LA PÉRIODE POST-CESSION

Introduction

Depuis bientôt dix ans, la transmission des entreprises reste d'actualité. On compte *a minima* entre 2 000 et 6 000 transmissions d'entreprises par an[1] (cessions et donations confondues).

Qu'appelle-t-on cession ?

La transmission, au sens large, vise à la fois les cessions à titre gratuit (donation et succession par laquelle un ou plusieurs bénéficiaires reçoivent une entreprise) et les cessions à titre onéreux (vente d'une entreprise réalisée entre un vendeur, le « cédant », et un acheteur, le repreneur également désigné par le terme « cessionnaire »).

Quelle que soit sa nature, une transmission est celle d'un patrimoine formé d'une entreprise individuelle ou de droits sociaux d'une personne à une autre. Cette opération a de multiples conséquences, à la fois pour celui qui transmet comme pour celui qui bénéficie de la transmission. Lorsque la transmission se réalise à titre onéreux, on parle alors de cession (à titre onéreux) ou de vente.

---

1. L. Brunetière, G. Kauffer, *Transmission d'entreprises*, CGEFI, avril 2011.

L'objectif de l'ouvrage

L'objectif de cet ouvrage est d'informer les chefs d'entreprise des prérequis et des modalités de la cession, et de leur faire prendre conscience des conséquences fiscales et financières qu'entraîne la cession de cet élément important de leur patrimoine que constitue leur entreprise. Ils pourront ainsi, en toute objectivité et connaissance de cause, prendre la mesure des choix qui s'offrent à eux, de leurs avantages comme de leurs inconvénients.

À qui s'adresse cet ouvrage ?

Cet ouvrage est conçu en priorité pour les entrepreneurs individuels et dirigeants de société(s) qui s'interrogent sur les modalités juridiques, fiscales et financières relatives à la cession de leur(s) entreprise(s). L'ouvrage, à jour des réformes fiscales, s'adresse donc à tous les chefs d'entreprise qui souhaitent entreprendre un nouveau défi : céder leur entreprise.

Les conseils (experts-comptables, notaires, avocats, chargés d'affaires entreprises/professionnels, conseillers en gestion de patrimoine, conseillers spécialisés en cession et transmission d'entreprises) trouveront dans l'ouvrage une approche dont ils auront loisir de se servir dans leurs recommandations et missions d'accompagnement.

Plan de l'ouvrage

L'ouvrage est divisé en 4 parties.

La première partie concerne l'organisation de l'entreprise préalablement à la cession. Elle est une étape indispensable en ce qu'elle permet de « faire le tour du sujet » avant la cession. Elle est l'occasion de souligner les points forts de l'entreprise pour les valoriser, aussi bien dans la sélection d'un repreneur que dans la négociation. Cette étape est également un exercice qui doit aboutir à identifier les points faibles de l'entreprise afin d'en mesurer les effets négatifs pour la vente et d'y remédier, autant que possible, dans un laps de temps parfois réduit à quelques mois avant la cession.

La deuxième partie est dédiée à la cession. Elle débute par la fixation d'un élément essentiel : le prix. Dès lors que cédant et cessionnaire se sont entendus sur le prix de la cession, celle-ci n'en est pas pour autant terminée. Bien au contraire, le prix inclut notamment certaines modalités qui profitent alternativement à l'une ou l'autre partie.

La troisième partie est consacrée à la fiscalité de la cession pour le vendeur. Cette fiscalité s'est accrue année après année tout en préservant quelques régimes de faveur à ne pas oublier si le vendeur satisfait à certaines conditions ; comme les augmentations d'impôt, les économies (d'impôts) restent aussi d'actualité.

La quatrième partie a pour objet la période qui suit la cession. Une fois la vente réalisée s'ouvre une période délicate pour le vendeur qui reste lié à l'entreprise cédée : garantie d'actif et passif, accompagnement du repreneur… C'est aussi une étape à anticiper au même titre que la vente elle-même. La situation sera bien différente selon que le vendeur poursuit une activité professionnelle ou non.

Avertissement à l'intention des lecteurs

Malgré l'attention portée à la rédaction et au caractère volontairement précis et pratique des informations fournies, celles-ci n'ont pas la prétention d'être exhaustives. C'est pourquoi, toutes les fois où cela a été rendu possible, une mention « *Angle expert* » indique au lecteur une source d'information légale.

Une bibliographie est présentée en fin d'ouvrage à laquelle le lecteur pourra également se référer.

ORGANISER L'ENTREPRISE AVANT LA CESSION

Chapitre 1

L'AUDIT DE L'ENTREPRISE

La cession de l'entreprise débute par l'audit de l'entreprise. Cette étape consiste à faire le bilan de son organisation, établir ses points forts et ses points faibles en tenant compte de son activité, de ses produits et du marché dans lequel elle évolue.

L'audit doit permettre de dresser la carte d'identité de l'entreprise et, une fois réalisée, de déterminer les améliorations à entreprendre en vue de la cession.

Cette étape est source d'interrogations, non pas de la part du cédant mais des candidats repreneurs. Savoir y répondre, les anticiper, sont autant d'atouts pour le cédant qui démontrera de cette façon sa capacité à prendre la mesure des problématiques de n'importe quel repreneur dans sa découverte de l'entreprise.

Organisation

Une entreprise vit. Elle naît. Elle grandit et parfois meurt, jamais à cause de son âge mais du fait des difficultés qu'elle rencontre. Son organisation est au cœur de son fonctionnement.

Selon sa taille, son historique et les moyens dont elle dispose, l'organisation de l'entreprise doit être considérée avant tout autre élément et questionnée. N'importe quel candidat au rachat de l'entreprise se pliera à l'exercice dans les moindres détails.

Réaliser cet audit préalablement à la mise en vente de l'entreprise réduira considérablement les premiers échanges, et le plus souvent augmentera qualitativement la sélection des candidats à la reprise.

L'entreprise artisanale : l'exploitation d'une boutique, d'un restaurant

On recense plus d'un million d'entreprises artisanales en 2010 et près de 90 % d'entre elles ne comptent pas plus de 5 salariés[1]. L'entreprise artisanale est dirigée par un artisan, qui parfois l'exploite avec son conjoint et des salariés.

L'artisan, ou son couple, est le pivot de l'entreprise sans lequel aucune activité n'est possible. Il s'agit d'un type d'entreprise fragile qui peut souffrir, certes, de toutes les difficultés que peuvent rencontrer les entreprises, mais également de celles rencontrées par ses fondateurs au plan personnel.

L'organisation d'une entreprise artisanale est directement liée à son fondateur. La nature de l'activité (fabrication, vente), notamment lorsqu'elle est exploitée auprès d'une clientèle, impose des contraintes incompressibles inhérentes au « métier » : horaires d'ouverture, mode de production, situation géographique…

Le tableau ci-dessous présente les différents points (items) sur lesquels doit s'attarder l'audit de l'entreprise quant à son organisation, avec pour chacun d'entre eux les solutions à envisager afin de faciliter la cession :

---

1. Insee, 2010.

Items	Évolution
Exploitation en couple	– Recenser les tâches réalisées par chacun : lesquelles peuvent être traitées en externe (comptabilité…) ? Lesquelles peuvent être déléguées en interne ? – Faut-il envisager dès à présent un recrutement ?
Les locaux	– Des travaux sont-ils à réaliser ? Si oui, clarifier dès à présent s'ils doivent être effectués avant cession : mise aux normes, organisation des travaux pendant les vacances… – Le domicile de l'exploitant est-il dépendant du local d'activité ? Si oui, clarifier dès à présent la faculté pour l'exploitant de quitter ce local avec la cession de l'entreprise
Les prestataires externes	– Quels sont les prestataires qui participent au fonctionnement de l'entreprise (comptable, agent commercial, fournisseurs…) ? – Quel est le degré de dépendance de l'entreprise ?

L'entreprise en solo (TPE) : auto-entrepreneur, entrepreneur individuel sans salariés

La très petite entreprise ou micro-entreprise (MIC) désigne essentiellement l'entreprise exploitée individuellement soit comme entreprise individuelle, soit comme entreprise unipersonnelle à responsabilité limitée (EURL), ou société par actions simplifiée unipersonnelle (SASU). Elle se confond souvent avec une entreprise artisanale mais, du fait de la nature de son activité (commerce, services), la MIC tend à se distinguer. On recense plus d'un million de personnes qui exploitent leur activité professionnelle en solo[1].

L'organisation d'une TPE réside essentiellement sur son fondateur, souvent seul pour assurer le bon fonctionnement de l'entreprise. L'exploitation de l'entreprise, bien souvent, ne nécessite pas de locaux.

Le tableau ci-dessous présente les différents points (items)

---

1. Insee, 2010.

sur lesquels doit s'attarder l'audit de l'entreprise quant à son organisation, avec pour chacun d'entre eux les solutions à envisager afin de faciliter la cession :

Items	Évolution
La clientèle	– L'entreprise est-elle liée par des contrats ? Si oui, s'assurer qu'ils ne dépendent pas de la personne qui représente l'entreprise au jour de leur signature
E-commerce	– L'entreprise réalise-t-elle son activité exclusivement par la vente en ligne ? Si oui, le concours d'un spécialiste est indispensable pour pérenniser le site

La petite ou moyenne entreprise (PME-PMI)

On recense en 2010 plus de 130 000 PME[1]. Elles forment, par leurs caractéristiques, les cibles privilégiées des repreneurs :

Nombre de PME	134 290
Effectif salarié	3 539 850
Moyenne du nombre de salariés	26
Chiffre d'affaires (en millions d'euros)	755 817
Chiffre d'affaires par salarié (en milliers d'euros)	213,5
Valeur ajoutée par salarié (en milliers d'euros)	62,4
Total de bilan/salarié (en milliers d'euros)	265

Pour autant, les PME présentent des situations variées qui visent aussi bien l'entreprise de BTP d'une dizaine de salariés que la société de prestations de services informatiques d'une centaine de salariés.

---

1. Insee, 2010.

L'audit d'une telle entreprise est d'autant plus exigeant et essentiel que la PME est importante.

Le tableau ci-dessous présente les différents points (items) sur lesquels doit s'attarder l'audit de l'entreprise quant à son organisation, avec pour chacun d'entre eux les solutions à envisager afin de faciliter la cession :

Items	Évolution
La direction	Qui sont les hommes et femmes clés ? Quelles sont les délégations de pouvoirs ? Des salariés ont-ils été identifiés pour prendre des responsabilités ?
La forme sociale	*Cf.* chapitre 2 : « Transformer l'entreprise individuelle en société » et chapitre 3 : « Transformer une SARL en SAS »
Les locaux	L'entreprise est-elle locataire ou propriétaire des locaux qu'elle occupe ? *Cf.* chapitre 4 « Sortir l'immobilier de l'entreprise »

Ressources humaines

La problématique des ressources humaines est commune à toutes les entreprises et ce, dans un contexte de plus en plus singulier où celles-ci souffrent de ne pas trouver de candidats alors que le chômage structurel s'est installé depuis plusieurs dizaines d'années.

Cette problématique recouvre d'abord la question de la place occupée par le chef d'entreprise. Cette place aura à évoluer dès lors qu'il faudra préparer l'entreprise à l'installation d'un repreneur. S'il ne s'agit bien évidemment pas pour le fondateur de se retirer avant l'heure, cette période de pré-cession consistera à adopter une position moins personnalisée. Celle-ci pourra prendre plusieurs formes telles que :

Évolution	Objectif
Le recrutement d'un comptable (même à temps partiel)	Dégager du temps (augmenter le temps «commercial» du repreneur) en confiant la comptabilité courante à un prestataire
Rechercher et tester des (nouveaux) prestataires externes pour des tâches techniques et d'exploitation (bureau d'études, sous-traitant, agence d'intérim...)	Démontrer que l'entreprise peut s'appuyer sur des partenaires (augmenter le potentiel d'activité sans recruter obligatoirement à court terme)
Filtrer les communications par l'intermédiaire d'un secrétariat (même complètement externalisé)	Habituer vos contacts à ne pas vous avoir directement (réduire l'accoutumance à la relation directe préjudiciable à un repreneur)

Si l'entreprise a au moins un salarié (ni l'exploitant ni son conjoint), un état des lieux est essentiel au même titre que celui réalisé pour le chef d'entreprise.

Items	Évolution
Âge	Une moyenne d'âge élevée assure expérience et compétence, mais signifie également que l'entreprise aura à faire face au coût financier du départ à la retraite (selon convention) et au renouvellement des effectifs
Formation	La formation tout au long de la vie professionnelle est devenue indispensable à la conformité des expériences avec la mise à jour des connaissances et de la réglementation
Rémunération	La reprise d'une entreprise est source d'incertitudes pour les salariés. Les perspectives d'évolution salariale rassurent à moyen terme, mais à court terme le départ du fondateur peut encourager certains salariés à partir
Responsabilité	Le départ du fondateur remet à plat l'organisation. Une entreprise qui dispose de collaborateurs susceptibles d'assumer des responsabilités est un réel avantage à développer

Marché : produits, concurrence, partenaires

L'entreprise, son/ses métier(s) et ses clients

L'audit de l'entreprise est l'occasion pour le cédant de définir son ou ses métiers, de présenter les produits qui forment sa gamme (pour les activités de vente de marchandises) et les prestations proposées (pour les activités de prestation de services). À ce titre, les deux types d'activité sont étroitement liés dès lors qu'il n'est désormais pas concevable de réaliser une activité de vente sans assurer un minimum de service au client (après-vente, installation, mise à jour…).

La nature de la clientèle est à analyser car celle-ci fournit de multiples enseignements sur l'entreprise : clientèle de particuliers ? de collectivités locales ? d'entreprises (B to B) ? Ancienneté des clients ? Fréquentation du point de vente ? Panier moyen ?…

L'entreprise et la concurrence

Peu de secteurs à l'heure actuelle connaissent une situation de monopole ; il est alors essentiel de préciser la situation de l'entreprise au regard de ses concurrents directs et indirects. Dans l'économie ouverte d'aujourd'hui, la concurrence détermine la place qu'occupe l'entreprise au plan national et international ainsi que son poids (points forts et points faibles).

L'exercice n'est jamais évident car il impose de comparer l'entreprise à d'autres entreprises dont la taille, le volume d'activité, la notoriété, la gamme de produits et services ou la rentabilité sont autant de points qui doivent permettre de situer l'entreprise dans son environnement et sa position par rapport à un ou plusieurs leaders.

L'entreprise et ses partenaires

Dans son activité, chaque entreprise doit pouvoir compter sur des sous-traitants, des fournisseurs, des banques, des compagnies d'assurances. La qualité des relations que l'entreprise entretient avec ses partenaires est un critère essentiel pour finir de convaincre un candidat repreneur. C'est pourquoi le recensement des partenaires qui travaillent (même ponctuellement) avec l'entreprise assure au cédant de présenter un état exhaustif des relations sur lesquelles le repreneur pourra compter.

Chapitre 2

Transformer l'entreprise individuelle en société

La transformation d'une entreprise individuelle en société est une opération courante qui conduit un entrepreneur individuel à apporter son entreprise à une société aux fins de l'exploiter par son intermédiaire.

Les avantages

Cette opération est particulièrement intéressante dès lors que l'entreprise exploitée en nom personnel est destinée à être cédée. Il est de plus en plus courant de rencontrer des repreneurs prêts à racheter une entreprise mais à la condition que celle-ci soit exploitée en société. Cette volonté tient principalement à l'objectif de concilier à la fois la volonté de faciliter le financement de la reprise tout en préservant la distinction entre le patrimoine de la société de celui de son repreneur.

C'est également l'occasion pour l'entrepreneur individuel de faire « peau neuve » au plan comptable comme fiscal, en se pliant à certaines conditions d'exonération qui doivent le conduire à s'interroger sur la pertinence de tel ou tel actif au bilan de l'entreprise. Cet exercice est d'autant plus essentiel, que, en exploitant à titre individuel depuis plusieurs années son entreprise, l'entrepreneur a fondé sa gestion d'une manière très personnelle, ce qui est le propre de l'entreprise individuelle.

Même si cette étape n'est ni obligatoire ni indispensable, la transmission de l'entreprise individuelle à une société dont l'entrepreneur assurera la direction en tant qu'associé est l'occasion de préparer son entreprise à la cession.

Les inconvénients

Le transfert d'une exploitation réalisée jusqu'à présent à titre individuel à une société n'est pas anodin. Il participe de la volonté de l'entrepreneur individuel de renoncer aux avantages de l'exploitation en nom propre. Cette volonté doit d'autant plus être affirmée que, comme il a été souligné précédemment, le mode de fonctionnement comme de gestion d'une société se démarque incontestablement de la manière dont une entreprise individuelle est gérée.

Dès lors qu'est réalisée la transformation de l'entreprise individuelle à une société, l'entrepreneur individuel devient dirigeant de la société, laquelle est seule et unique propriétaire des biens participant à son exploitation. Au quotidien, une telle situation exige davantage de rigueur, notamment dans la réalisation des tâches administratives et comptables.

Le choix de la forme de société tient d'ailleurs une place importante. Si l'entrepreneur souhaite rester seul aux commandes, il lui faudra choisir entre l'entreprise unipersonnelle à responsabilité limitée (EURL), c'est-à-dire la version à associé unique de la société à responsabilité limitée (SARL), et la société par actions simplifiée unipersonnelle (SASU).

Enfin, l'apport de l'entreprise individuelle conduit, en principe, à l'imposition immédiate des bénéfices et plus-values de l'entreprise si cette opération est assimilée au plan fiscal à une cession. Cette imposition vise ainsi les bénéfices d'exploitation, ceux en sursis d'imposition, les plus-values constatées lors de l'apport à la société ou inversement du retrait de certains éléments pour rejoindre le patrimoine de l'exploitant, et toutes les plus-values qui avaient été précédemment reportées. Afin d'éviter cette situation et dans le but de ne pas décourager la transformation de l'entreprise individuelle en société, la loi prévoit un régime de report d'imposition des plus-values constatées.

Les modalités du régime de report d'imposition

ANGLE EXPERT

CGI, art. 151 *octies* et BOFiP BIC-PVMV-40-20-30-20.

Ce régime a pour vocation d'exonérer temporairement l'apport d'une entreprise individuelle à une société. Pour en bénéficier, cette opération doit satisfaire à plusieurs conditions qui tiennent à la fois à la qualité de l'entrepreneur individuel qui réalise l'apport, à la nature des apports réalisés ainsi qu'à la forme et au régime d'imposition de la société bénéficiaire de la transmission.

Ce régime a pour effet de reporter l'imposition des plus-values sur les éléments non amortissables et de déplacer l'imposition des plus-values sur les éléments amortissables ainsi que les profits sur stocks au niveau de la société bénéficiaire de l'apport.

Ce régime ne se cumule pas avec les régimes d'exonération prévus par la loi. C'est pourquoi, avant d'envisager de se placer sous le régime de report d'imposition des plus-values, il est essentiel d'analyser la situation de l'entrepreneur au regard des régimes d'exonération.

Ces régimes sont les suivants :

- l'exonération des plus-values en fonction du montant des recettes (CGI, art. 151 *septies*)[1] ;

------

1. Chapitre 9, « L'exonération des plus-values en fonction du montant des recettes ».

- l'exonération des plus-values en fonction du montant de la valeur des éléments cédés (CGI, art. 238 *quindecies*)[1] ;
- l'exonération des plus-values à l'occasion de la cession de l'entreprise concomitante au départ en retraite de l'exploitant (CGI, art. 151 *septies* A)[2].

À quel entrepreneur s'adresse ce régime ?

Le régime de report d'imposition des plus-values constatées intéresse les professionnels qui exercent en qualité de personnes physiques une activité industrielle, commerciale, artisanale, libérale ou agricole si cette activité est réalisée de manière constante.

À quels apports s'adresse ce régime ?

La transmission doit porter sur l'entreprise individuelle, c'est-à-dire les éléments qui forment autant son actif que son passif dès lors qu'ils ont été affectés au bilan de l'entreprise dans le cadre de l'activité de l'entreprise. De manière générale, la transmission (d'une entreprise individuelle à une société) doit concerner tous les éléments indispensables à l'exploitation. Il est donc possible qu'à l'occasion de ce transfert l'entrepreneur garde la disposition à titre personnel de certains éléments alors inscrits au bilan de l'entreprise à la condition que ces derniers ne soient pas visés par les conditions précédemment citées.

La seule contrepartie reçue par l'exploitant qui réalise l'apport doit consister exclusivement en des actions ou parts sociales de la société à laquelle il réalise l'apport.

---

1. Chapitre 10, « L'exonération des plus-values en fonction de la valeur des éléments cédés ».
2. Chapitre 11, « L'exonération des plus-values pour départ à la retraite ».

À quelle(s) forme(s) de société s'adresse ce régime ?

Pour pouvoir recueillir l'entreprise individuelle tout en bénéficiant du régime de faveur, celle-ci doit être transmise à une société dont peu importe la forme dès lors que son objet respecte celui de l'entreprise apportée (une société commerciale pour une activité commerciale ou une société à objet civil pour une activité civile) et qu'elle se place sous un régime réel d'imposition.

Distinction entre biens amortissables et non amortissables

Les biens non amortissables ne supportent aucune imposition sur les plus-values constatées à l'occasion de leur apport à la société bénéficiaire. Il s'agit en l'occurrence d'un report d'imposition dont le fait générateur est constitué soit de la cession (ou le rachat ou l'annulation) par l'exploitant-apporteur[1] des droits sociaux (actions ou parts sociales) reçus de la société bénéficiaire à l'occasion de l'apport, soit de la cession par la société des biens non amortissables apportés et dont les plus-values constatées ont bénéficié du report d'imposition.

Les biens amortissables ne bénéficient pas d'un report d'imposition. Deux situations se rencontrent selon que les bénéfices de la société bénéficiaire de l'apport sont imposés à l'impôt sur le revenu (donc entre les mains de son ou ses associés) ou à l'impôt sur les sociétés (donc au niveau de la société).

L'imposition des plus-values vise les plus-values nettes globales à court et long terme.

---

1. Une tolérance existe qui conduit à préserver le bénéfice du report d'imposition lorsque les droits sociaux reçus par l'exploitant-apporteur sont transmis à un bénéficiaire si ce dernier prend l'engagement de supporter l'imposition en cas de survenance d'un événement mettant un terme au report d'imposition.

Entreprise individuelle	Éléments d'actif détenus depuis moins de 2 ans		Éléments d'actif détenus depuis plus de 2 ans	
	Moins-value	Plus-value	Moins-value	Plus-value
Biens non amortissables	Court terme	Court terme	Long terme	Long terme
Biens amortissables	Court terme	Court terme	Court terme	Court terme pour le montant des amortissements Long terme pour le solde

Dans la première situation (société bénéficiaire de l'apport imposée à l'IR), la plus-value nette est réintégrée dans les résultats de la société puis l'imposition répartie en fonction de la nature des biens sur lesquels portent les plus-values réintégrées, soit $1/5^e$ par an (cinq ans) à l'exception des plus-values réintégrées portant sur des immeubles ou des droits équivalents et dont le report s'opère à raison de $1/15^e$ par an (quinze ans).

Dans la seconde situation (société bénéficiaire de l'apport imposée à l'IS), la plus-value nette est réintégrée dans les résultats de la société puis imposée au taux d'IS applicable.

L'exploitant-apporteur dispose de la faculté de voir imposer immédiatement les plus-values nettes globales à long terme relatives aux biens amortissables.

Quelles sont les obligations déclaratives ?

Compte tenu des modalités d'application et des conditions imposées par le régime de report d'imposition des plus-values constatées, le respect d'obligation déclarative est impératif pour opter pour le bénéfice de ce régime (l'acte d'apport formalise l'option), et également pour « tracer » les plus-values constatées et reportées comme celles imposées sur plusieurs années.

Les obligations déclaratives débutent par le dépôt dans le délai de deux mois, à compter de l'apport effectif de l'entreprise individuelle à une société, d'une déclaration des résultats du dernier exercice clos concomitant à l'apport. Cette déclaration doit faire apparaître les plus-values bénéficiant du régime de report d'imposition ainsi que le détail (en annexe) des plus-values nettes relatives aux biens amortissables et celles relatives aux biens non amortissables.

En outre, un état de suivi, dont le modèle est fourni par l'administration fiscale, doit être complété ainsi qu'un registre.

Chapitre 3

TRANSFORMER UNE **SARL** EN **SAS**

Les sociétés à responsabilité limitée (SARL et EURL) constituaient 38 % des entreprises en activité en 2010[1] (par comparaison les entreprises individuelles représentaient la majorité des entreprises avec près de 51 %).

La SARL est donc la forme d'exploitation en société majoritaire parmi les sociétés commerciales. Ses atouts ne sont plus à démontrer et, sauf contraintes réglementaires, c'est la forme juridique sociétaire privilégiée des créateurs, même parmi les entreprises artisanales puisque la SARL est choisie par 43,5 % des jeunes artisans[2].

Néanmoins, une « nouvelle[3] » forme juridique gagne du terrain, la société par actions simplifiée (SAS) ; elle a été choisie dans 16 % des créations de société en 2011[4].

Plusieurs caractéristiques assurent à la SAS un avantage par rapport à la SARL, sans pour autant s'en démarquer complètement compte tenu de quelques spécificités auxquelles le dirigeant devra faire face.

Avant de distinguer la SAS de la SARL, notons que la SAS rassure car elle emprunte de nombreux caractères à la SARL,

---

1. Insee, 2010.
2. Insee, 2011.
3. La SAS existe depuis plusieurs années mais ne s'est ouverte aux personnes physiques qu'à partir de 1999.
4. Insee, *Insee Première*, n° 1387, janvier 2012.

ce qui offre une certaine stabilité pour son dirigeant et ses associés. Ainsi, la SAS, comme la SARL, est une société :

- qui dispose de la personnalité juridique et fait écran entre l'exploitation et ses associés,

- dont les associés voient leur responsabilité limitée à leurs apports,

- et qui peut n'avoir au demeurant qu'un associé (on parle de société par actions simplifiée unipersonnelle – SASU).

Les avantages

La SAS gagne l'intérêt des créateurs à raison d'au moins 3 avantages par rapport à la SARL.

Tout d'abord, les règles qui encadrent le fonctionnement de la SAS offrent une faculté aux associés d'organiser la société et leur relation entre eux de manière libre. Seules quelques dispositions sont obligatoires et ne peuvent faire l'objet d'aménagement par les associés : la SAS est représentée par un président qui est investi des pouvoirs les plus étendus pour agir en toutes circonstances au nom de la société, dans la limite de l'objet social.

Ensuite, au même titre que les sociétés anonymes (SA), les dirigeants d'une SAS sont assimilés à des salariés concernant leur imposition et les charges sociales dont la société doit s'acquitter. Ces derniers sont donc affiliés au régime général de la Sécurité sociale. En revanche, ils ne bénéficient pas des allocations perçues en cas de chômage.

Enfin, la liberté dont bénéficient les associés dans la rédaction de statuts est telle qu'ils disposent de la faculté de :

- Définir les conditions dans lesquelles la société est dirigée. Ainsi, il est possible d'imaginer aux côtés du président la création de fonctions dirigeantes avec un réel pouvoir statutaire tel qu'un directeur général ou la création d'un conseil de surveillance à l'image de la SA à directoire.

- Prévoir l'inaliénabilité des actions pendant une période maximale de dix ans. Ainsi, il est envisageable, dans un souci de stabilité de l'actionnariat, d'empêcher toute cession pendant une période déterminée.

- Déterminer les conditions qui peuvent mener à l'exclusion d'un associé, lequel sera contraint de céder ses actions.

Pour ces motifs, la SAS constitue une forme de société particulièrement contractualisée qui laisse, certes, un champ de liberté large, mais qui impose dans la rédaction des statuts d'être précis, sans laisser de place à l'ambiguïté. En cela, la SARL protège les associés dans la mesure où la plupart des règles qui organisent les relations entre les associés sont encadrées par la loi.

Les conditions et modalités

La mutation d'une SARL en une SAS est prévue par la loi, laquelle souligne d'ailleurs la poursuite de la personnalité juridique de la société initiale dans de « nouveaux habits ». Cette situation a pour conséquence de ne pas porter atteinte aux contrats en cours. Les engagements de la SARL se poursuivent par la SAS. Il en est ainsi des contrats de travail, des cautions données par les associés ou dirigeants de la SARL (sauf mainlevée[1] si ces derniers venaient à quitter la société préalablement à la transformation par exemple).

La transformation d'une SARL en SAS exige néanmoins l'unanimité des associés, ce qui paraît d'autant plus évident que ces derniers devront alors s'accorder pour se conformer aux règles imposées par la loi concernant les SAS, mais

---

1. Chapitre 8, § « Les engagements financiers du cédant ».

surtout pour insérer des clauses statutaires dans les nouveaux statuts de la SAS. Ces clauses statutaires auront pour but de régler les modalités de fonctionnement de la société (direction) et les conditions d'entrée comme de sortie des associés : conditions de cession, majorité requise, liberté de cession entre associés ou entre associés et leurs descendants ou ascendants ou conjoints…

Les conséquences fiscales du changement de forme sociale

Le changement de forme sociale entraîne deux types de conséquences.

Une première conséquence obligataire qui consiste pour la société à s'acquitter de droits d'enregistrement dont le montant varie selon le capital de la société :

- Capital inférieur à 225 000 € : 375 €.

- Capital supérieur ou égal à 225 000 € : 500 €.

La seconde conséquence relève du régime fiscal de la SARL qui se transforme en SAS. Du fait de la transformation, la société change de régime fiscal et une série d'impositions est due à la manière d'une cessation d'activité. Il en est ainsi lorsque les associés d'une SARL dont les bénéfices sont imposés à l'impôt sur le revenu (IR) décident de transformer la société en SAS avec changement de régime d'imposition pour l'impôt sur les sociétés.

Les impositions normalement dues font pour autant l'objet d'un sursis d'imposition si les valeurs des éléments d'actif ne se trouvent pas modifiées lors du changement de régime fiscal et si ces éléments d'actif restent susceptibles d'être imposés dans le cadre du nouveau régime d'imposition à l'occasion de leur cession.

Chapitre 4

SORTIR L'IMMOBILIER DE L'ENTREPRISE

L'immobilier d'entreprise désigne tous les immeubles (terrains, locaux, murs de boutiques, hangar, bureaux…) qui participent à l'activité de l'entreprise. Or, qu'il s'agisse d'une entreprise individuelle ou d'une société, la détention de l'immobilier d'exploitation, inscrit comme tel au bilan de l'entreprise, a plusieurs origines : facilités de financement lors de l'acquisition, régime des amortissements…

Dans un contexte de cession de l'entreprise, une multitude de contraintes entrent en considération, dont le sort à réserver à l'immobilier d'exploitation détenu par l'entreprise.

Les objectifs

La question de la sortie de l'immobilier se pose dès lors que l'entreprise est propriétaire des locaux dans lesquels elle exploite son activité et que son dirigeant envisage de la céder à court ou moyen terme.

Le premier objectif consiste à séparer au plan comptable et financier ce qui relève de l'exploitation et des moyens matériels mobilisés. Cet objectif est d'autant plus ambitieux que l'immobilier représente une part souvent importante du patrimoine de l'entreprise, non pas simplement du point de vue du bilan (dont la valeur historique réduite des amortissements pratiqués tend à diluer le poids de l'immobilier dans le total du bilan), mais surtout du point de vue de la valorisation de l'entreprise[1].

Cette valorisation est confrontée aux modalités de financement du repreneur[2] auquel sera imposée une durée de financement limitée entre cinq et huit ans. Ainsi, plus l'immobilier détenu par l'entreprise pèse dans sa valorisation plus la charge financière supportée par le repreneur sera importante. En effet, si le financement ne porte que sur l'immobilier, la durée pratiquée varie entre quinze et vingt ans.

Une telle situation obère les facultés du repreneur à financer la reprise et donc à faire aboutir la cession, ce qui motive une sortie de l'immobilier de l'entreprise. Cette sortie de l'immobilier se traduit par une vente par l'entreprise de l'immobilier qu'elle détient au cédant (en propre ou par l'intermédiaire d'une SCI), qui s'endette pour financer l'acquisition.

Un second objectif réside alors dans l'opportunité pour le cédant de se constituer un patrimoine immobilier locatif en donnant en location l'immeuble à l'entreprise.

Un dernier objectif peut être motivé par l'intention du cédant de libérer un immeuble détenu par l'entreprise et de le conserver dans son patrimoine personnel (en propre ou par l'intermédiaire d'une SCI). Ce sera notamment le cas lorsque cet immeuble constitue une partie du domicile du cédant.

---

1. Chapitre 7, « Les méthodes de valorisation ».
2. Chapitre 8, § « Le financement du repreneur ».

Les conséquences pour l'entreprise

La sortie de l'immobilier détenu par l'entreprise a pour conséquence de dégager une plus-value professionnelle. Il faut alors distinguer selon que le résultat de l'entreprise est imposé à l'impôt sur le revenu ou à l'impôt sur les sociétés.

Pour les sociétés à l'impôt sur les sociétés

La plus-value constatée à l'occasion de la sortie de l'immobilier de l'entreprise se trouve imposée dans le résultat de la société au taux d'IS. On rappelle que le mode de détermination du montant de la plus-value implique d'ajouter à la différence entre la valeur de cession et la valeur d'acquisition la somme des amortissements pratiqués[1].

Exemple

Soit un immeuble (terrain + constructions) acquis en 1990 pour l'équivalent de 150 000 € (50 000 € au titre du terrain et 100 000 € au titre des constructions). Les constructions ont été intégralement amorties. On rappelle que le terrain est un bien immobilisé non amortissable.

En 2013, l'immeuble est vendu pour 450 000 €.

Le montant de la plus-value issue de cette cession s'élève à 400 000 €, à savoir :

– Valeur de cession = 450 000.

– Valeur d'acquisition = 150 000.

– Somme des amortissements pratiqués = 100 000 €.

– Plus-value constatée = 450 000 − 150 000 + 100 000 = 400 000 €.

En retenant un taux d'IS de 33 1/3 %, le coût IS de cette cession s'élève à 400 000 x 33 1/3 = 133 333 € (toute chose égale par ailleurs).

---

1. Ceux déduits fiscalement.

Pour les entreprises à l'impôt sur le revenu

Angle expert

CGI, art. 151 *septies* B et BOI BIC-PVMV-20-40-30.

Un régime favorable est prévu pour les entreprises individuelles et les sociétés dont les bénéfices sont imposés à l'impôt sur le revenu dès lors qu'elles ont une activité commerciale, industrielle, artisanale, libérale ou agricole. Ce régime consiste à appliquer sur le montant de la plus-value à imposer un abattement de 10 % à raison de chaque année de détention au-delà de la cinquième année pour la cession des biens immobiliers (bâtis ou non bâtis) affectés à l'exploitation de l'entreprise. Ainsi, l'inscription d'un bien immobilier au bilan de l'entreprise ne suffit pas, encore faut-il qu'il participe à l'exploitation de l'entreprise[1].

L'abattement de 10 % s'applique exclusivement sur la plus-value à long terme constatée à l'occasion de la cession de l'immeuble. La plus-value à long terme concerne la plus-value constatée à la suite de la cession d'une immobilisation non amortissable détenue depuis au moins deux ans et la plus-value d'une immobilisation amortissable pour la part qui excède la somme des amortissements pratiqués[2].

---

1. Et également à l'exception des terrains à bâtir qui sont exclus du régime.
2. Le montant de plus-value à long terme est traité au plan fiscal comme la plus-value à court terme à concurrence de la somme des amortissements pratiqués (c'est-à-dire ceux déduits fiscalement).

Rappel sur la plus-value

	Plus-value[1]	
	Bien détenu < 2 ans	Bien détenu > = 2 ans
Bien qui fait l'objet d'amortissements	Plus-value court terme (imposée comme le résultat de l'entreprise)	Plus-value court terme à concurrence de la somme des amortissements pratiqués Plus-value long terme pour le solde
Bien qui ne fait pas l'objet d'amortissements	Plus-value court terme	Plus-value long terme

Exemple 1

Soit des locaux à usage de bureaux acquis en 2003 pour l'équivalent de 150 000 €. Ces immobilisations ont été intégralement amorties.

En 2013, l'immeuble est vendu pour 450 000 €.

Le montant de la plus-value issue de cette cession s'élève à :

- Valeur de cession = 450 000.
- Valeur d'acquisition = 150 000.
- Somme des amortissements pratiqués[2] = 100 000 €.
- Plus-value constatée = 450 000 − 150 000 + 100 000 = 400 000 €.
- Plus-value court terme = 100 000 € (c'est-à-dire à concurrence du montant des amortissements pratiqués).
- Plus-value long terme = 300 000 €.
- Montant de l'abattement : 10 % x nombre d'années excédant la 5e année soit [(2013 − 2003) − 5] x 10 = 50 %.

---

1. Pour un même exercice comptable, les plus ou moins-values constatées à l'occasion de la sortie du bilan d'un élément de l'actif immobilisé se compensent entre elles respectivement afin de déterminer une plus ou moins-value nette globale à court terme et une plus ou moins-value nette globale à long terme.
2. Ceux déduits fiscalement.

> La part de plus-value long terme bénéficie d'un abattement pour 50 %. Le solde supportera une imposition au taux de 16 % auquel il convient d'ajouter les prélèvements sociaux pour 15,5 %, soit dans notre exemple un total de (50 % x 300000) x (16 % + 15,5 %) = 150000 x 31,5 % = 47250 € (toute chose égale par ailleurs).

La part de plus-value considérée comme relevant du régime des plus-values professionnelles à court terme s'élève à 100000 €. Cette plus-value peut être répartie sur 3 exercices afin d'en atténuer la charge fiscale supportée par l'entrepreneur individuel ou les associés personnes physiques dans une société imposée à l'IR.

Exemple 2

> Soit un bâtiment édifié sur une parcelle de terrain acquis en 2003 pour l'équivalent de 150000 €. Les constructions ont été intégralement amorties. Le terrain apparaît pour sa valeur historique au bilan de l'entreprise soit 30000 € (c'est-à-dire 20 % du prix d'acquisition).
>
> En 2013, le bâtiment est vendu pour 450000 €. Le terrain est valorisé 90000 € (c'est-à-dire 20 % du prix de cession)[1].
>
> Il y a lieu de déterminer 2 plus-values: celle inhérente aux constructions car elles ont fait l'objet d'un amortissement, et celle relative au terrain qui est un bien non amortissable.
>
> *Le montant de la plus-value relative au terrain s'élève à :*
>
> – Valeur de cession = 90000 €.
>
> – Valeur d'acquisition = 30000 €.
>
> – Plus-value constatée = 90000 – 30000 = 60000 €.
>
> Il s'agit d'une plus-value à long terme.

---

1. En pratique, l'acte de vente indique un prix global. Le cédant aura à distinguer dans ce prix ce qui relève des constructions d'une part, et du terrain d'autre part.

Le montant de la plus-value relative aux constructions s'élève à :

- Valeur de cession = 450 000 – 90 000 (terrain cession) = 360 000 €.
- Valeur d'acquisition = 150 000 – 30 000 (terrain acquisition) = 120 000 €.
- Somme des amortissements pratiqués[1] = 80 000 €.
- Plus-value constatée = 360 000 – 120 000 + 80 000 = 320 000 €.
- Plus-value court terme = 80 000 €.
- Plus-value long terme = 240 000 €.
- Montant de l'abattement : 10 % x nombre d'années excédant la 5e année soit [(2013 – 2003) – 5] x 10 = 50 %.

La plus-value long terme s'élève à 60 000 (terrain) + 240 000 (constructions) soit 300 000 €. Cette plus-value à long terme bénéficie d'un abattement pour 50 %. Le solde supportera une imposition au taux de 16 % auquel il convient d'ajouter les prélèvements sociaux pour 15,5 %, soit dans notre exemple un total de (50 % x 300 000) x (16 % + 15,5 %) = 47 250 € (toute chose égale par ailleurs).

La part de plus-value considérée comme relevant du régime des plus-values professionnelles à court terme s'élève à 80 000 €. Cette plus-value peut être répartie sur trois exercices afin d'en atténuer la charge fiscale supportée par l'entrepreneur individuel ou les associés personnes physiques dans une société imposée à l'IR.

Enfin, le régime de l'abattement par durée de détention peut se cumuler avec un autre régime favorable. C'est pourquoi, la question de la sortie de l'immobilier doit se poser le plus tôt possible pour en mesurer les avantages et les inconvénients au regard des opportunités qui peuvent se présenter et du parcours de la cession (cession de l'entreprise individuelle, cession d'une société après transformation d'une entreprise individuelle, départ à la retraite…).

---

1. Ceux déduits fiscalement.

De l'entreprise propriétaire à l'entreprise locataire

Une fois la cession réalisée, l'entreprise continue d'occuper les locaux dans lesquels elle exploite son activité. Cette situation doit donner lieu à la conclusion d'un bail commercial entre l'entreprise et le propriétaire des locaux (le dirigeant en propre ou une SCI). Elle a pour conséquence également de faire supporter à l'entreprise un loyer dont le montant doit être conforme au marché.

La détention et la gestion de l'immobilier d'exploitation

Acquisition de l'immobilier en nom propre
ou par l'intermédiaire d'une SCI ?

Dès que la cession de l'immobilier détenu par l'entreprise est décidée, le chef d'entreprise doit faire le choix entre acquérir (et donc détenir et gérer) cet immobilier en propre ou alors par l'intermédiaire d'une SCI :

- L'acquisition en propre présente l'avantage de la simplicité : pas de création d'une société nouvelle, gestion allégée ;

- L'acquisition par l'intermédiaire d'une SCI permet d'organiser la transmission de patrimoine aux proches (conjoint, partenaire de pacs, enfants) et de profiter du cadre légal du droit des sociétés concernant les SCI : une grande liberté dans la rédaction de statuts qui autorise l'aménagement des règles en matière de pouvoir, de répartition des résultats, de cessions des parts sociales.

Le choix de la SCI s'impose donc le plus souvent et passe tout d'abord par l'étape de la rédaction des statuts et du choix des associés (c'est le privilège de l'entrepreneur individuel ou des associés d'une société de personnes de décider de vendre l'immobilier d'entreprise à qui il(s) le souhaite(nt)…). Cependant, cette opération n'est pas envisageable sans financement de la SCI, ce qui peut s'accompagner du cautionnement par les associés de l'emprunt bancaire souscrit.

Enfin, le coût fiscal de l'opération n'est pas anodin. Même si c'est bien la SCI qui se porte acquéreur de l'immobilier, ce sont les associés qui devront assumer le coût de l'opération en apportant à la SCI les moyens financiers dont elle ne dispose pas en l'absence de revenus.

Les 3 séquences fiscales de la détention de l'immobilier par la SCI

Pour l'acquisition de l'immobilier, la SCI doit s'acquitter des droits d'enregistrement et des émoluments du notaire chargé de la vente, ce qui représente environ 7 % du prix d'acquisition.

Pendant l'acquisition, la SCI perçoit des loyers sur lesquels viendront s'imputer les charges relatives à l'entretien et la propriété de l'immobilier ; le résultat net est imposable au niveau des associés de la SCI à l'impôt sur le revenu dans la catégorie des revenus fonciers.

À l'occasion de la cession de l'immeuble ou des parts de la SCI :

* Soit en cas de vente : la plus-value constatée est imposée[1] au taux de 19 % auxquels s'ajoutent 15,5 % de prélèvements sociaux, soit 34,5 % après un abattement de :

    – 2 % pour chaque année au-delà de la 5e année ;

    – 4 % pour chaque année au-delà de la 17e année ;

    – 8 % pour chaque année au-delà de la 24e année.

    Ce qui revient à exonérer totalement de plus-value au-delà de la 30e année[2].

---

1. En 2013, ce qui ne nous renseigne pas de l'imposition à supporter dans plusieurs années.
2. Soit une exonération de la plus-value à concurrence de 10 % pour 10 ans de détention, 20 % pour 15 ans de détention, 36 % pour 20 ans de détention et 60 % pour 25 ans de détention.

- Soit en cas de donation ou succession : la valeur des parts de la SCI transmise par donation ou succession est imposable aux droits de mutation après application d'un abattement (100 000 € par parent et par enfant) sous réserve des donations antérieures.

Chapitre 5

RÉVISER LA SITUATION FINANCIÈRE ET FISCALE

Les quelques mois qui précèdent la cession ou la recherche d'un repreneur ont vocation à être mis à profit afin de clarifier la situation financière de la société. C'est l'occasion, pour le chef d'entreprise comme pour ses conseils, de porter un œil attentif à certains postes du bilan et du compte du résultat. Idéalement, cet exercice permettra par exemple de « nettoyer » les provisions ou les créances douteuses. Ce sera également le temps des choix s'agissant de certains postes tels que les réserves (distribution, incorporation au capital ou *statu quo*).

La transmission ouvre une période délicate pour le repreneur. Il devra réserver une attention toute particulière à la situation fiscale de l'entreprise, laquelle constitue une source de discussion avec le cédant.

Assainir les comptes de l'entreprise

La comptabilité et les documents comptables et fiscaux tiennent une place prépondérante dans la cession de l'entreprise. Ces documents sont destinés à traduire la situation financière de l'entreprise. C'est d'ailleurs une obligation pour l'entreprise d'établir ses comptes annuels : bilan et compte de résultat, auxquels vont s'ajouter des annexes selon le régime d'imposition de l'entreprise.

Ces éléments fournissent des informations précieuses et indispensables concernant la situation financière de l'entreprise. Ils serviront à valoriser l'entreprise[1] mais également à mesurer le volume de son activité grâce au chiffre d'affaires et à sa rentabilité (à partir du résultat d'exploitation, de l'excédent brut d'exploitation ou du résultat net).

Au-delà, il s'agit, pour le repreneur, d'identifier les points forts et points faibles de l'entreprise. C'est pourquoi avant de s'engager dans la recherche d'un repreneur, le chef d'entreprise doit faire lui-même l'exercice d'analyse financière des comptes de l'entreprise soit à partir des comptes établis chaque année à la suite de la clôture de l'exercice, soit sur la base d'une situation intermédiaire qui consiste à établir un bilan et un compte de résultat en cours d'exercice.

Quels sont les postes sur lesquels porter une attention ?

À l'actif du bilan[2]

Le capital souscrit non appelé (AA)

Dans une société, ce sont les sommes dues par les associés à l'occasion de la création de l'entreprise et qui n'ont pas été « libérées », c'est-à-dire versées à l'entreprise. Il est essentiel de mettre un terme à cette situation en versant le solde des sommes promises à la société.

Le fonds commercial (AH)

C'est la valeur à laquelle a été apportée ou acquise une entreprise individuelle. En termes comptables le montant

1. Chapitre 7, « Les méthodes de valorisation ».
2. Les lettres entre parenthèses renvoient aux références des cases du tableau 2050 de la liasse fiscale en annexe.

correspondant est considéré comme une non-valeur, c'est-à-dire un élément dont le repreneur devra faire abstraction à l'occasion de la valorisation de l'entreprise. Il est donc inutile de mettre en avant ou de s'attarder sur cet élément purement comptable.

Les terrains et constructions (AN et AP)

C'est la valeur à laquelle ont été acquis les immeubles détenus par l'entreprise. Il peut aussi s'agir par exemple des locaux (murs de boutique, bureaux, hangar, entrepôt) dont l'entreprise se sert dans le cadre de son exploitation et plus généralement, pour un entrepreneur individuel, des biens immobiliers qu'il a décidé d'affecter à l'entreprise.

Quelle que soit la situation, l'immobilier pèse sur le bilan soit parce qu'il n'est pas intégralement amorti (d'ailleurs les terrains ne sont pas amortissables et apparaissent donc pour leur valeur historique), soit parce que sa valeur réelle représente une part significative (voire la majorité) de la valeur de l'entreprise. C'est pourquoi, entre autres, il est opportun d'envisager de sortir cet immobilier[1].

Les installations techniques, matériels et outillage (AR)

Ce sont des matériels qui servent à l'entreprise dans son exploitation (véhicules, machines outils, équipements). Ce poste est à étudier attentivement car il révèle à la fois le parc de matériels dont dispose l'entreprise en propre (*a contrario* des matériels loués ou en crédit-bail qui n'apparaissent pas au bilan) et leur état de vétusté global. En effet, ces équipements font l'objet d'amortissements annuels (AS) afin de comptabiliser leur usure et leur obsolescence du fait de l'usage et du temps. Dès lors, plus le montant

---

1. Chapitre 4, « Sortir l'immobilier de l'entreprise ».

des amortissements est important plus l'entreprise devra renouveler son matériel soit du fait de l'usage qu'elle en fait, soit alors de l'épuisement des amortissements à pratiquer. Tout renouvellement de matériels comme l'absence à plus ou moins long terme d'amortissements possibles représente un coût pour l'entreprise dont le repreneur aura à se soucier, et par voie de conséquence le cédant aussi. Ce poste traduit également la stratégie de détention de ses matériels par l'entreprise : en propre, en location ou en crédit-bail (forme de location). C'est l'occasion pour le chef d'entreprise, selon les capacités de l'entreprise, de renouveler ses matériels obsolètes (au-delà de la période d'amortissement) pour en acquérir de nouveaux en crédit-bail, sans pour autant alourdir le bilan.

Les autres participations (CU)

Elles visent les participations de l'entreprise au capital d'autres sociétés (filiales). Leur montant est inscrit pour leur valeur historique, c'est-à-dire le montant de la participation de l'entreprise au capital de la société filiale. Ce poste interpelle si la cession de l'entreprise entraîne indirectement celle des sociétés dans lesquelles l'entreprise détient des participations. À la manière de ce qui a été exposé en matière d'audit concernant l'entreprise cédée, il y a lieu de dresser la situation des sociétés dans lesquelles l'entreprise détient tout ou partie du capital social.

Les créances rattachées à des participations (BB)

Ce sont des sommes prêtées par l'entreprise aux sociétés dont elle détient une quote-part du capital. À l'image de l'associé qui met à la disposition de la société une somme d'argent sous forme de compte courant, ce poste traduit le compte courant que l'entreprise détient comme associée des sociétés filiales. Tel qu'il a été souligné précédemment, il est indispensable de déterminer la liquidité de ces sommes, c'est-à-dire à la fois la capacité des sociétés filiales de rembourser l'entreprise et leur degré de dépendance financière au regard de l'entreprise mère.

Les marchandises (BT)

Ce sont des stocks de marchandises qui sont la conséquence de l'évolution de l'activité de l'entreprise et de sa politique en matière d'approvisionnement. Le but est de comparer l'évolution de ce poste avec le chiffre d'affaires. Une évolution de stocks proportionnelle à l'évolution du chiffre d'affaires manifeste d'une maîtrise des achats au gré des ventes. Toute évolution différente soulèvera des interrogations auxquelles le cédant aura à répondre précisément.

Les créances clients (BX)

C'est un poste stratégique. Il traduit en principe les sommes dues par les clients suite à facturation et non encore encaissées. Selon le principe de la comptabilité d'engagement, le chiffre d'affaires traduit le montant des ventes facturées. On doit alors retrouver parmi les créances clients les sommes facturées mais non encore réglées à la date de clôture de l'exercice. L'analyse de ce compte appelle des interrogations quant aux délais de règlement, à la répartition du chiffre d'affaires par client, et surtout vis-à-vis des créances douteuses, c'est-à-dire celles détenues sur des clients défaillants (en procédure collective : sauvegarde, redressement judiciaire…), ou des clients avec lesquels un litige est en cours.

Les créances douteuses doivent être apurées afin d'assainir le bilan et donc, le plus souvent, il faut accepter de les passer en charge définitivement lorsque cela est possible. Dans un contexte de cession à venir de l'entreprise, ce qui est fait avant n'est plus à la charge du repreneur. Ces créances ne pèseront plus sur l'évaluation ou la garantie d'actif et de passif à fournir par le cédant[1].

Les disponibilités (CF)

Ce sont des sommes en banque dont dispose l'entreprise à la date de clôture du bilan. Peu importe leur montant, ce qui est important c'est d'en identifier la cause. Ainsi, une trésorerie inexistante peut aussi bien traduire des difficultés financières (que le compte de résultat confirmera ou contredira) qu'un besoin en fonds de roulement important (notamment lorsque les délais de paiement des clients sont relativement plus longs que les délais de paiement des fournisseurs). À l'inverse, une trésorerie importante ne signifie pas que l'entreprise est particulièrement rentable. Il peut s'agir des effets d'un besoin en fonds de roulement négatif (notamment lorsque les délais de paiement des clients sont inférieurs aux délais de paiement des fournisseurs).

Il est donc important de mettre en perspective la trésorerie de l'entreprise avec les besoins de son activité. Il en est de même au regard de sa structure financière. C'est le cas des sociétés qui ont fait le choix de ne pas distribuer leurs résultats aux associés et de conforter leurs fonds propres au fur et à mesure des exercices afin de s'assurer les moyens financiers nécessaires à la fois à leur activité et à leur développement. En outre, cela leur permet de garder leur indépendance en matière de financement.

De même, il est opportun pour le cédant, selon la situation de l'entreprise mais aussi selon le cadre fiscal dans lequel il compte inscrire la cession de son entreprise, de réviser sa politique de distribution. En effet, la trésorerie participe à la valorisation de l'entreprise : plus de trésorerie égal plus de valeur, mais dans la limite de ce dont a besoin l'entre-

---

1. Chapitre 8, § « Les engagements financiers du cédant ».

prise pour financer son activité et ce sur quoi peut compter son repreneur pour construire son plan de financement en démontrant la capacité de l'entreprise à financer sa reprise.

Au passif du bilan[1]

Le capital social (DA)

Ce sont des sommes apportées par les associés à l'occasion de la création de la société et lors d'éventuelles augmentations de capital par apports nouveaux. L'évolution à la hausse du capital s'explique aussi par la décision des associés d'affecter les résultats de la société et/ou une quote-part de ses réserves au capital.

Le capital social est gage de solidité financière mais également d'implication des associés à renforcer les fonds propres de la société de manière pérenne car, à la différence des réserves (DD, DE, DF et DG) ou des comptes courants d'associés (DV), le capital n'est ni distribuable ni remboursable (sauf lors de la dissolution de la société).

Les réserves (DD, DE, DF et DG)

Elles traduisent à l'évidence la politique de distribution des associés, à l'exception des opérations d'augmentation de capital par incorporation des réserves. La distribution systématique des résultats de la société aura pour conséquence d'assécher les réserves (mis à part les réserves légales et statutaires qui revêtent un caractère obligatoire).

Les provisions pour risques (DP) ou pour charges (DQ)

Les provisions représentent une charge non décaissable à l'image des amortissements (c'est-à-dire qui ne se traduit

---

1. Les lettres entre parenthèses renvoient aux références des cases du tableau 2051 de la liasse fiscale en annexe.

pas par une dépense) mais il ne faut pas les confondre avec ces derniers.

Une provision n'a pas vocation à perdurer et présente donc un caractère provisoire. Son sort est déterminé en fonction de la réalisation de la perte ou de la charge qu'elle a vocation à couvrir :

- soit la perte ou la charge se réalise, alors la provision doit faire l'objet d'une reprise, l'effet sur le résultat sera nul[1] ;
- soit la perte ou la charge ne se réalise pas, alors la provision devient inutile et doit faire l'objet d'une reprise, l'effet sera d'augmenter le résultat.

En tout état de cause, la reprise d'une provision représente une diminution des charges et donc une augmentation du résultat sans facturation ni valeur ajoutée.

Au mieux, les effets sur le résultat d'une reprise de provision seront couverts par une charge dès lors que l'événement à l'origine de la provision se réalise. Il est alors indispensable avant d'opérer de clarifier la situation des provisions.

Les emprunts et dettes auprès des établissements de crédit (DU)

Ce sont des prêts de l'entreprise auprès des banques. Derrière ce montant, deux distinctions sont à faire : les concours bancaires à court terme (découvert, escompte, avance sur cessions de créances professionnelles) qui ont pour objet de financer l'exploitation (le décalage de trésorerie inhérent au besoin en fonds de roulement de l'entreprise), et les prêts à moyen et long terme. Compte tenu de leur durée initiale, ces prêts ont essentiellement vocation à financer l'outil de production (immobilier), les équipements (machines outils) et matériels (véhicules) dont la durée de vie est supérieure à un an et qui participent à l'activité de l'entreprise. Il peut

---

1. Toute chose égale par ailleurs (provision = charge ou perte).

aussi s'agir de financement de fonds de roulement, c'est-à-dire de prêts dont l'objet, lors de leur mise en place, a été d'assurer les décalages de trésorerie ou l'insuffisance de fonds propres. Ces financements ont le plus souvent une durée relativement courte (trois, cinq ou sept ans). En présence de tels financements, la distribution de dividendes n'est pas cohérente avec la situation financière de la société.

Plus largement, quel que soit le type de financement (à court ou moyen terme), dès lors que le chef d'entreprise a fourni sa caution, il devra se soucier des conditions de mainlevée exigées par les établissements prêteurs en cas de cession[1].

Les dettes fournisseurs (DX)

Il s'agit des sommes dues aux fournisseurs suite à facturation et non encore réglées. Selon le principe de la comptabilité d'engagement, les charges traduisent le montant des achats facturés. On doit alors retrouver parmi les dettes fournisseurs les factures présentées mais non encore acquittées à la date de clôture de l'exercice. L'analyse de ce compte appelle des interrogations quant aux délais de règlement, au volume d'affaires avec chaque fournisseur de l'entreprise.

Les dettes fiscales et sociales (DY)

Ce sont des charges fiscales, notamment de la TVA, et des charges sociales (cotisations salariales et patronales) enregistrées en comptabilité et non encore décaissées à la date de clôture du bilan. Compte tenu de la nature de ces dettes, il n'y a pas lieu que leur montant dépasse un certain montant du chiffre d'affaires (pour la TVA) ou de la masse salariale (pour les cotisations sociales), sauf à devoir expliquer un retard dans le paiement des sommes dues.

---

1. Chapitre 8, § « Des pourparlers à la cession effective ».

Régulariser la situation fiscale de l'entreprise

ANGLE EXPERT
LPF, art. L 13 C et BOI-CF-PGR-40-10.

Le principe du contrôle fiscal

Face aux nombreuses obligations comptables et fiscales, l'entreprise doit également prévenir les risques fiscaux. Impôt sur les sociétés, TVA et désormais CFE font, entre autres impositions, l'objet de contrôle régulier de la part de l'Administration. La mise en œuvre du droit de reprise de l'Administration prend plusieurs formes allant du contrôle formel au contrôle sur place de la comptabilité de l'entreprise (dite vérification de comptabilité).

La perspective d'une cession de l'entreprise est l'occasion de vérifier la situation fiscale de l'entreprise. L'administration fiscale peut être dans ce cas sollicitée par correspondance ou bien auprès du service des impôts des entreprises (SIE) dont dépend l'entreprise.

Pour les petites et moyennes entreprises qui souhaitent clarifier leur situation au regard des règles fiscales, il existe une procédure spécifique à laquelle elles peuvent recourir : le contrôle sur demande.

La procédure spécifique du contrôle sur demande

Dans quels cas ?

Le contrôle sur demande est ouvert aux entreprises[1] dont l'activité consiste en la vente de marchandises ou la fourniture de denrées à emporter ou consommer sur place, et si leur chiffre d'affaires HT, au jour de la demande du contrôle, est inférieur à 1 500 000 €.

---

1. Peu importe leur régime d'imposition du résultat (BIC, BNC, BA ou IS).

Pour les autres entreprises, notamment celles dont l'activité consiste à réaliser des prestations de service, le contrôle sur demande est ouvert si leur chiffre d'affaires est inférieur à 450 000 € HT.

Pour les entreprises dont l'activité est mixte, les seuils sont appréciés en fonction du chiffre d'affaires relatif à chaque activité (d'un côté, les activités relevant des ventes, et de l'autre côté, toutes les autres activités).

Les spécificités de la procédure

Il ne s'agit pas d'une vérification de la comptabilité de l'entreprise telle que la définit la loi. L'intervention suite à contrôle sur demande doit concerner quelques points, par exemple :

- En matière de TVA : taux de TVA applicable pour des opérations spécifiques, détermination du droit à déduction et régularisation.
- En matière de détermination du résultat fiscal : déductibilité des amortissements, provisions, dépréciations sur stocks.
- En matière d'obligations fiscales : application des régimes d'imposition et seuils.

Néanmoins, comme ce contrôle sur demande ne constitue pas une vérification de comptabilité, l'administration fiscale est en droit, en principe, de vérifier à nouveau les points qui ont été discutés lors du contrôle sur demande, sans pour autant revenir à la hausse sur les redressements retenus à cette occasion.

Les étapes de la procédure

La demande doit être formulée explicitement par écrit par le chef d'entreprise en précisant les points, les opérations, les impôts et la période concernée sur lesquels doit porter le contrôle.

La suite donnée par l'Administration consiste en une prise de rendez-vous dans un délai relativement court qui aura lieu dans les locaux de l'entreprise ou d'un conseil (expert-comptable, avocat) selon la volonté du chef d'entreprise. Les documents comptables devront être mis à la disposition de l'agent de l'administration fiscale afin d'apporter une réponse précise aux points soulevés.

Le contrôle sur demande s'achève par la rédaction d'un compte rendu qui reprend les conclusions de l'administration fiscale sur les points soulevés. Point par point, le contrôle conclut soit à la régularité des opérations au plan fiscal, soit à une demande de l'Administration aux fins de régulariser la situation fiscale de l'entreprise concernant les points pour lesquels l'application des règles fiscales est erronée :

- pour les points qui n'ont pas donné lieu à dépôt d'une déclaration, il est encore temps de prendre acte des rectifications à apporter ;

- pour les points qui ont déjà donné lieu au dépôt d'une déclaration, une déclaration complémentaire de régularisation est adressée par l'administration fiscale avec mention des droits supplémentaires à acquitter ainsi que les pénalités applicables (au taux réduit soit 30 % inférieur au taux normal).

La procédure de contrôle sur demande reste peu employée par les entreprises. Il est pourtant essentiel pour un cédant de démontrer que l'entreprise est « en règle » avec le fisc. Si le contrôle sur demande ne constitue pas pour autant un blanc-seing, il assure au cédant une rigueur dans la gestion fiscale de l'entreprise. En outre, du fait de son caractère propre, le contrôle sur demande s'insère dans un processus de cession et ce, d'autant plus lorsque la dernière vérification de comptabilité de l'entreprise date de plus de trois ans.

Chapitre 6

QUEL(S) REPRENEUR(S) POUR L'ENTREPRISE ?

Dès lors que la décision de céder l'entreprise est engagée et que les mesures aux fins de préparer l'entreprise à la cession sont entamées s'ouvre alors la période délicate de la recherche d'un repreneur. Si toutes les cessions d'entreprise sont comparables, elles ne se ressemblent pas pour autant, notamment en ce qui concerne le profil du repreneur et les conditions qui l'ont amené à reprendre l'entreprise visée.

Les candidats repreneurs peuvent avoir recours aux multiples organismes spécialisés dans les cessions d'entreprise. Ce sont autant d'opportunités pour un cédant de rencontrer des candidats à la reprise.

Les organismes spécialisés

La recherche d'un repreneur n'est pas évidente. Le secret des affaires et la discrétion qui touchent à la cession de l'entreprise, à commencer par le chef d'entreprise, ne facilitent pas la rencontre entre cédant et repreneur. C'est pourquoi, face à cette situation, plusieurs acteurs proposent des services spécialisés :

- Le CRA (Cédants et repreneurs d'affaires) est une association présente depuis plusieurs années sur le terrain de la cession et de la reprise d'entreprise. Son action est exclusivement tournée vers la transmission des PME en mettant en relation cédants et repreneurs. Mais son action ne se limite pas à cette étape essentielle, le CRA accompagne les cédants et les repreneurs dans leurs démarches : www.cra.asso.fr

- Les chambres de commerce et d'industrie ainsi que les chambres de métiers et de l'artisanat proposent des « bourses d'opportunité » telles que :

  – *Passer le relais*, pour la région Île-de-France : http://www.passerlerelais.fr

  – *Reprendre en Bretagne,* pour la région Bretagne : http://www.reprendre-bretagne.fr/accueil

  – *Transcommerce*, pour les régions Auvergne, Basse-Normandie, Bourgogne, Centre, Haute-Normandie, Limousin, Nord-Pas-de-Calais, Pays de la Loire, Poitou-Charentes, Rhône-Alpes : http://www.transcommerce.com/

  – *Actcommerce*, pour les régions Aquitaine, Midi-Pyrénées, Languedoc-Roussillon, Provence-Alpes-Côte d'Azur : http://www.actcontact.net

  – *C-Cible*, pour les régions Rhône-Alpes et Haute-Normandie ainsi que pour les départements des Alpes-de-Haute-Provence, Hautes-Alpes, Bouches-du-Rhône, du Vaucluse, Jura et de la Haute-Saône : http://www.c-cible.fr

  – *Opportunet*, pour les régions Alsace et Lorraine : http://www.opportunet.net

  – *PMI Contact*, pour les régions Champagne-Ardenne, Centre, Bourgogne, Aquitaine, Midi-Pyrénées, Languedoc-Roussillon et Lorraine ainsi que pour le département du Massif central.

- La Bourse nationale d'opportunités artisanales (BNOA), pour les entreprises artisanales, met en relation cédant et repreneur : http://www.bnoa.net/

- Certains secteurs ont également leur site dédié :
  - pour le bâtiment, *Batiportail* : http://www.reprise.bati-portail.com/idx_Reprise_Entreprise.asp
  - pour les industries mécaniques, *Mecanet* : http://meca-net.fr/bourseauxaffaires
- Plusieurs sociétés se sont spécialisées à la fois dans l'évaluation, l'intermédiation et l'accompagnement juridique et financier des cessions et reprises d'entreprises : *Fusacq, cessionpme.com, Michel Simond, agorabiz.com.*

La sélection

Les candidats repreneurs prennent l'initiative de se rapprocher d'un cédant, c'est pourquoi celui-ci doit tenir compte de l'*a priori* positif qui anime le repreneur qu'il s'agit alors de découvrir.

À chaque cédant ses considérations, conditions et préoccupations. L'enthousiasme né entre cédant et repreneur peut rapidement retomber lorsque l'on ne se parle pas et ne s'écoute pas. Chacun, à commencer par le cédant, doit hiérarchiser ses priorités : conclure rapidement, « soigner » le prix, privilégier la compétence du repreneur…

À chacun son expérience de la cession. Une chose est certaine, le cédant ne doit pas chercher un « clone » avec quelques années de moins ou même se placer comme un recruteur de dirigeant.

Il faut apprendre à céder son entreprise comme d'autres apprennent à racheter une entreprise, c'est pourquoi l'accompagnement par un ou plusieurs conseils reste la clé d'une cession réussie.

La cession est un travail d'équipe autour du chef d'entreprise. Ce dernier doit s'entourer de spécialistes selon les étapes de la cession et savoir préalablement à la cession sur qui il peut compter, de la valorisation de l'entreprise à la gestion de sa situation après cession. Ce préalable conditionne une grande partie de la réussite d'une cession.

Les aléas d'une cession sont inévitables, et affirmer que la réalisation d'une cession est chose aisée constitue un postulat erroné. C'est, sans aucun doute, dans le choix des conseils dont le chef d'entreprise va savoir s'entourer qu'il dispose de la plus grande maîtrise du processus de cession. Et sans pour autant faire supporter au repreneur toutes les péripéties d'une cession, le choix de ce dernier permet de limiter les conséquences des difficultés qui peuvent surgir : calendrier, financement, constitution de garantie, modalités de la reprise…

Il n'y a pas de règles en la matière si ce n'est, une nouvelle fois, pour le cédant, de se fier à son sens… des affaires.

Partie 2

CÉDER L'ENTREPRISE

Chapitre 7

LES MÉTHODES DE VALORISATION

La cession de l'entreprise impose préalablement une connaissance exhaustive de celle-ci. L'exercice, certes essentiellement comptable et financier, consiste à chiffrer les points forts mais également les points faibles de l'entreprise.

À l'issue de ce chiffrage, il s'agit pour le chef d'entreprise de disposer d'une évaluation réaliste du prix qu'il peut exiger d'un repreneur.

Présenter l'entreprise

La valorisation débute par un tour d'horizon de son environnement et par une comparaison de l'entreprise avec ses concurrents. Cette étape doit permettre de juger l'entreprise au regard de son environnement et complète l'audit de l'entreprise[1].

Une fois déterminée la place de l'entreprise dans son environnement économique, il est indispensable de se plier à l'exercice des perspectives et de souligner à cette occasion les principaux défis auxquels l'entreprise est ou sera à court ou moyen terme confrontée.

---

1. Chapitre 1, « L'audit de l'entreprise ».

Quelle(s) méthode(s) d'évaluation utiliser ?

ANGLE EXPERT

Le *Guide l'évaluation des entreprises et titres des sociétés* (disponible sur le site www.impots.gouv.fr).

La détermination de la valorisation de l'entreprise reste principalement comptable et financière. L'analyse des performances passées sert à établir une évaluation qui sera la plus fidèle possible au jour de la cession. Néanmoins, il n'existe pas une seule et unique méthode pour atteindre cet objectif. C'est pourquoi, au regard de l'analyse de l'entreprise, il s'agira d'adopter la ou les méthodes d'évaluation adéquates.

Soulignons tout d'abord que ces méthodes concernent les sociétés dont le capital n'est, bien entendu, pas coté en Bourse. Et s'agissant des sociétés non cotées, la difficulté de l'évaluation réside dans le fait de tenir compte des contraintes juridiques inhérentes à la société. Selon qu'il s'agit de céder une partie ou la totalité du capital, la valorisation devra prendre en compte les conséquences des règles statutaires en matière d'administration et de gestion de la société. Ainsi, les méthodes présentées se rapprocheront d'autant plus de la valeur vénale de l'entreprise que la valorisation aura vocation à estimer l'intégralité de l'entreprise, laquelle sera cédée en intégralité afin d'assurer une cession pleinement opérante.

L'évaluation selon la valeur par comparaison consiste à fonder l'évaluation d'une entreprise en fonction des cessions antérieures constatées pour des entreprises équivalentes. Cette méthode s'adresse à des entreprises dont les caractéristiques sont intrinsèquement similaires à d'autres vendues précédemment. La mise en œuvre d'une telle méthode reste peu employée lorsqu'elle reste confrontée aux difficultés d'accès à l'information relative aux cessions d'entreprises d'une part, et à l'établissement de similitudes entre l'entreprise à évaluer et d'autres entreprises qui ont été vendues d'autre part. C'est pourquoi, on réserve cette méthode à des entreprises d'une taille suffisamment importante pour être comparée à des entreprises cotées. Ce sont notamment des entreprises familiales dont le capital est détenu par plusieurs membres d'une même famille et qui pourraient être cotées.

Les méthodes de valorisation financière ont vocation à déterminer une valeur vénale de l'entreprise. Ces méthodes doivent impérativement être combinées en considérant au moins deux d'entre elles pour dégager une moyenne. Cette moyenne est susceptible d'être pondérée en affectant à chacune des méthodes un coefficient différent qui permet, malgré l'application de plusieurs méthodes, de privilégier celle(s) qui répond(ent) le mieux à la situation de l'entreprise au regard de son profil comptable et financier. Ainsi, chaque méthode se distingue des autres méthodes dès lors que chacune considère une approche spécifique des éléments comptables et financiers.

Parmi les méthodes de valorisation, trois sont le plus souvent employées. La méthode patrimoniale et la méthode des multiples du résultat d'exploitation (RE) ou de l'excédent brut d'exploitation (EBE) sont les plus « simples » s'agissant de PME ; c'est pourquoi seules celles-ci sont présentées dans le but de donner au cédant les moyens de dégager une valorisation fondée sur des éléments comptables en sa possession. Cependant il ne faut pas oublier que l'évaluation devra se reposer également sur la mise en œuvre d'autres méthodes et tout particulièrement de la méthode dite « des flux de trésorerie actualisés » (ou « Discount cash flow ») qui emprunte à la fois à la méthode mathématique et à la méthode par un multiple du RE ou de l'EBE. Sa singularité réside dans la détermination de la somme des flux futurs de trésorerie disponibles après impôt compte tenu d'un taux d'actualisation.

La valorisation par la méthode mathématique ou patrimoniale

Une démarche fondée sur le bilan de l'entreprise

L'estimation de la valeur vénale de l'entreprise par la méthode mathématique (ou patrimoniale) consiste à valoriser l'entreprise au regard de son patrimoine net.

Pour les trois derniers exercices clos, il s'agit, d'une part, de retenir pour chacun d'eux les valeurs réelles des éléments formant l'actif de l'entreprise (« actif réévalué ») et, d'autre part, de soustraire à cet « actif réévalué » le montant des dettes réelles (y compris les provisions). La différence permet d'obtenir la valeur patrimoniale de l'entreprise pour l'exercice concerné. La moyenne des trois derniers exercices permet d'affiner cette évaluation même si la dernière année suffit à présenter une valorisation fidèle, car la plus récente.

Les postes du bilan

Parmi les postes du bilan, il faut faire la distinction principalement entre les immobilisations d'un côté, et les stocks, les créances clients et les disponibilités de l'autre côté.

- Parmi les immobilisations, il y a les immobilisations incorporelles, les immobilisations corporelles et les immobilisations financières :
  - les immobilisations incorporelles regroupent à la fois le fonds de commerce (s'il représente une valeur comptable pour avoir été acquis par l'entreprise à l'occasion d'un apport ou d'un rachat) et les autres immobilisations incorporelles, parmi lesquelles on doit retrouver les licences et droit (logiciels, bail…) ;
  - les immobilisations corporelles regroupent les terrains, les constructions, les matériels (machines-outils, véhicules…) ;

– les immobilisations financières regroupent essentiellement les participations détenues par l'entreprise dans
une ou plusieurs sociétés.

La réévaluation de ces postes consiste à les estimer à leur
valeur de renouvellement, abstraction faite de leur coût
historique (fonds de commerce, licence, marque ou terrain) ou de leur valeur net d'amortissement.

• Les stocks, créances clients et disponibilités sont des
postes, le plus souvent, à retenir pour leur valeur comptable[1].

Pour les postes du passif réel, il faut tenir compte de l'ensemble du passif à l'exception des éléments qui forment
les capitaux permanents tels que le capital, les réserves, le
report à nouveau et le résultat.

La valorisation par la méthode des multiples du RE ou de l'EBE

Cette méthode s'adresse idéalement à des entreprises d'exploitation dont le résultat courant avant impôt ou l'excédent
brut d'exploitation est relativement stable sur les 3 dernières années.

Le résultat d'exploitation (RE) est la différence entre, d'une
part, la somme des produits d'exploitation (par distinction
avec les produits financiers et exceptionnels) et, d'autre
part, la somme des charges d'exploitation (par distinction
avec les charges financières et exceptionnelles). Le RE traduit la rentabilité de l'activité de l'entreprise, abstraction

---

1. Les stocks et les créances peuvent faire l'objet d'une évaluation différente de celle inscrite en comptabilité dès lors que, par exemple, les
stocks ont une valeur vénale supérieure ou inférieure à celles de leur
entrée en comptabilité (c'est le cas notamment pour les entreprises dont
les achats sont sujets à variation significative – matières premières,
cours monétaires).

faite des éléments qui n'entrent pas dans le cours de l'exploitation de l'entreprise.

L'excédent brut d'exploitation est un indicateur comptable et financier répandu. L'EBE peut s'obtenir de 2 manières :

- Soit à partir du résultat d'exploitation :

RE (GG tableau 2052) + DAP (GA et GB tableau 2052) + autres charges (GC + GD + GE tableau 2052) – RAP et transferts de charges d'exploitation (FP) – autres produits (FQ)[1]

- Soit à partir de la valeur ajoutée :

VA + subventions d'exploitation – (impôts taxes et charges de personnel)

L'estimation de la valeur vénale de l'entreprise par la méthode des multiples soit du RE, soit de l'EBE consiste à appliquer un coefficient au RE ou à l'EBE retenu puis à diminuer le résultat de ce produit (RE ou EBE x coefficient) du montant de l'endettement financier net de l'entreprise.

La difficulté est de déterminer le coefficient à retenir pour évaluer la valeur de l'entreprise (avant déduction de l'endettement financier net de l'entreprise). Ce coefficient est souvent supérieur lorsqu'il s'agit de retenir le résultat d'exploitation plutôt que l'excédent brut d'exploitation car le premier est, sauf exception, supérieur au second.

Par ailleurs, ce coefficient doit rester en corrélation avec la durée de retour sur investissement attendu qui correspond à la durée du financement bancaire (*cf.* ci-après « L'évaluation par l'approche bancaire »).

En pratique, on retiendra :

- s'agissant du RE, un coefficient compris entre 6 et 9 ;

- s'agissant de l'EBE, un coefficient compris entre 5 et 8.

---

1. Les tableaux sont présentés en annexe.

Rentabilité et régularité du rendement sur les exercices passés vont de pair avec un coefficient important même s'il est nécessaire de souligner que, dans un contexte économique général difficile, les coefficients les plus élevés sont rarement pratiqués afin de tenir compte à la fois de l'aléa macroéconomique du pays et du secteur dans lequel évolue l'entreprise.

Le montant de l'endettement financier net correspond à la différence entre les dettes financières et la trésorerie de l'entreprise :

Emprunts bancaires à long terme, Emprunts et dettes financières divers (y compris comptes courants) ligne DS et DT (tableau 2051) + Ressources de trésorerie à court terme (concours bancaires ligne EH du 2051) – Placements financiers, c'est-à-dire les Valeurs mobilières de placement (VMP ligne CD tableau 2050) – Disponibilités (ligne CF tableau 2050)

Cette approche est d'autant plus pertinente qu'elle vise à souligner la capacité de l'entreprise à supporter le coût de l'endettement que le repreneur aura sollicité auprès d'un ou de plusieurs établissements bancaires.

L'évaluation par l'approche bancaire

En général, l'approche bancaire de la valorisation d'une entreprise cédée consiste à considérer la rentabilité de l'entreprise en cherchant à déterminer si l'entreprise va disposer, après la cession, d'une capacité financière suffisante pour assumer les charges financières inhérentes au financement. De ce fait, l'approche bancaire s'intéresse autant au passé de l'entreprise qu'aux perspectives présentées par le repreneur. Cette analyse conduit alors à considérer des éléments pragmatiques tels que la rémunération versée au cédant et celle prévue pour le repreneur.

Combinaison des méthodes ?

Si les différentes méthodes présentées précédemment ont une utilité évidente en vue de déterminer un prix de base sur lequel le candidat à la cession peut se fonder pour entamer des discussions avec un candidat repreneur, il n'en demeure pas moins que cette reprise reste suspendue, dans la grande majorité des cas, au financement bancaire. Dès lors, si les banques se voient, certes, imposer une valeur sur laquelle cédant et repreneur se sont entendus, le financement de la reprise n'est pas seulement l'affaire du repreneur. Sans concours bancaire, un repreneur (personne physique ou morale) rencontrera de réelles difficultés à conclure l'opération, ce qui a évidemment pour conséquence d'obérer les chances de céder l'entreprise.

C'est pourquoi, outre l'organisation préalable de l'entreprise[1], la valorisation de l'entreprise doit privilégier, pour les sociétés commerciales, une valeur proche de celle issue par une combinaison des méthodes de rentabilité. Une fourchette basse peut être formée par le résultat courant avant impôt ou l'excédent brut d'exploitation multiplié par un coefficient compris entre 5 et 7. Cette base d'évaluation est d'autant plus compatible avec un financement bancaire qu'elle permet de mesurer le coût financier pour l'entreprise des remontées de dividendes dont elle devra s'acquitter auprès d'une société holding constituée pour l'occasion de son rachat par le repreneur.

Ce montant est susceptible d'être diminué ou augmenté des éléments suivants à considérer :

---

1. Première partie, « Organiser l'entreprise avant la cession ».

Valorise l'entreprise à la hausse	Valorise l'entreprise à la baisse
Réduction de la rémunération du repreneur par rapport à celle versée au cédant	Renouvellement de matériels
Économies nées du rapprochement de l'entreprise rachetée avec celle dont le repreneur est déjà dirigeant	Financement du départ à la retraite de salariés
Marché porteur : perspectives de CA à la hausse	Lancement de nouveaux produits : consommateurs de ressources en début de cycle

Ces éléments, dont le plan de reprise du repreneur doit faire référence, sont également indispensables au cédant afin de prendre la mesure des perspectives qu'un repreneur peut attendre.

L'objectif du cédant reste bien de vendre au meilleur prix son entreprise et de limiter les risques qui peuvent peser sur la garantie qu'il aura à fournir au repreneur[1].

---

1. Voir la quatrième partie, « La période post-cession ».

Chapitre 8
LES MODALITÉS DE LA CESSION

La concrétisation de la reprise passe par le préalable du financement du repreneur. Cette étape tend à éloigner le cédant d'une phase essentielle de la cession. Pourtant, son concours est sollicité dès lors qu'il s'agira de régler ce que le repreneur peut apprécier comme des « détails » alors qu'ils engagent ce dernier.

Le financement du repreneur

Sans financement du repreneur, pas de reprise et donc pas de cession. Ce sujet concerne *a priori* exclusivement le repreneur et, pourtant, l'intérêt du cédant à ce que le plan de financement du repreneur soit bouclé est évident. D'ailleurs, un candidat à la reprise qui présente un profil idéal (compétence, expérience, motivation) n'aboutira pas sans les moyens financiers de conclure le rachat (sauf à rencontrer un cédant philanthrope…). C'est pourquoi il est opportun que le cédant maîtrise les modalités de financement auxquelles il peut être associé directement ou indirectement.

L'apport du repreneur

Qu'il s'agisse d'un particulier ou d'une entreprise, le candidat à la reprise devra faire face à une évolution récente : un coût du crédit particulièrement bas et une prime de risque particulièrement élevée pour les banques qui financent les rachats d'entreprise. C'est pourquoi ce qui était encore vrai il y a quelques années est devenu rare. L'apport, à l'occasion du rachat d'une entreprise (PME) est incontournable. Cet apport participe à satisfaire plusieurs objectifs : assumer les dépenses en termes de conseil et surtout limiter l'emprunt bancaire.

Cependant, l'apport ne consiste pas seulement dans la capacité financière du repreneur. Lorsqu'elle est suffisante, la trésorerie de l'entreprise est souvent employée à très court terme pour assurer un remboursement partiel de la dette.

Cependant, de manière générale, le cédant n'a aucune possibilité d'améliorer la situation et de faciliter la cession… C'est bien la situation du repreneur comme de l'entreprise qui s'impose.

L'emprunt bancaire

Si un prêt bancaire est indispensable pour financer le rachat, c'est toute l'opération de cession qui est suspendue à l'accord d'une ou de plusieurs banques.

La présentation du projet de cession est une étape à préparer une fois que deux préalables sont satisfaits : la sélection du candidat à la reprise[1] et la valorisation de l'entreprise[2].

Les banques sont des partenaires au quotidien de l'entreprise[3]. Elles sont les interlocuteurs privilégiés du cédant et ont à faire connaissance avec le candidat repreneur. En pratique, il appartient au cédant d'informer les banques de l'entreprise du processus de cession qui s'engage et de leur

---

1. Chapitre 6, « Quel(s) repreneur(s) pour l'entreprise ? ».
2. Chapitre 7, « Les méthodes de valorisation ».
3. C'est pourquoi, dans la perspective de la cession de l'entreprise, il n'est pas inutile de répartir son volume d'activité auprès de 2, voire 3, établissements bancaires qui connaîtront l'entreprise depuis au moins deux ans au moment d'engager la cession.

dévoiler le nom du candidat à la reprise. À cet effet, une lettre d'intention formalisera la volonté du candidat repreneur[1]. Il est toujours préférable de donner la priorité de l'information à la banque historique, ou sinon à celle avec laquelle travaille majoritairement l'entreprise ; c'est elle qui est le plus à même de s'engager dans le financement, seule ou comme chef de file d'un pool bancaire réunissant plusieurs banques.

Cependant le financement reste l'affaire du repreneur, ce qui impose une distance de la part du cédant qui doit continuer à diriger l'entreprise, abstraction faite des discussions qui s'engagent entre les banques et le candidat à la reprise. Dès lors que le dialogue se sera instauré entre le chef d'entreprise et le candidat à la reprise, l'information doit circuler et ce dernier tenir informé le cédant des avancées.

Les banques de l'entreprise ne seront sans doute pas les seules à être sollicitées. Le candidat repreneur entretient également des relations avec une ou plusieurs banques et des partenaires potentiels. La coopération du cédant est essentielle, ne serait-ce que pour fournir les informations dont le repreneur aura besoin pour présenter son projet de rachat.

Quelle que soit la situation, la participation du cédant est indispensable sans pour autant imposer une forme comme un contenu particuliers. La concertation entre cédant et repreneur est aussi un préalable avant d'engager la présentation du projet aux banques, qu'il s'agisse ou non de celles de l'entreprise.

Le capital-investissement

La participation d'un organisme de capital-investissement est une autre possibilité ouverte aux PME, notamment à

---

1. Voir plus loin, § « Des pourparlers à la cession effective ».

l'occasion de la reprise. Plusieurs acteurs sont directement accessibles. Ces organismes sont en quasi-totalité affiliés à l'une des organisations suivantes :

- France Angels, Fédération des réseaux locaux de business angels : 16, rue de Turbigo, 75002 Paris. Tél. : 01 44 82 77 77. Internet : http://www.franceangels.org

- Association française des investisseurs en capital (AFIC) : 23, rue de l'Arcade, 75008 Paris. Tél. : 01 47 20 99 09. Internet : http://www.afic.asso.fr

- Union nationale des investisseurs en capital pour les entreprises régionales (UNICER). Tél. : 03 20 26 99 85. Internet : http://www.unicer.asso.fr. E-mail : contact@ unicer.asso.fr

- Fédération des Cigales : 61, rue Victor Hugo, 93500 Pantin. Tél. : 01 49 91 90 91. Internet : http://www.cigales. asso.fr

- Fédération des associations Love Money pour l'emploi : 10, rue Montyon, 75009 Paris. Tél. : 01 48 00 03 35. Internet : http://www.lovemoney.org

Le prêt d'honneur

Des prêts d'honneur, c'est-à-dire à des conditions avantageuses mais limités en montant et dans la durée, sont accordés par certains organismes. Les principaux (liste non exhaustive) sont les suivants :

- France Initiative : 55, rue des Francs-Bourgeois, 75181 Paris Cedex 04. Tél. : 01 40 64 10 20. Internet : http://www. initiative-france.fr. E-mail : info@france-initiative.fr

- Réseau Entreprendre : Espace André Mulliez, 24, avenue Gustave Delory, 59100 Roubaix. Tél. : 03 20 66 14 66. Internet : http://www.reseau-entreprendre.org. E-mail : reseau@reseau-entreprendre.org

Le crédit vendeur

Le crédit vendeur consiste pour le vendeur, c'est-à-dire le cédant, à accorder des modalités de paiement du prix à l'image d'un prêt classique avec un montant, une durée et parfois un taux. Le cédant supporte alors le risque d'un créancier, avec principalement le défaut de paiement.

Compte tenu de sa nature, il place le cédant en concurrence avec les autres créanciers, à commencer par les banques qui participent au financement de la reprise. Aussi, celles-ci auront tout d'abord intérêt à limiter leur financement, puis à conditionner leur intervention au remboursement du crédit-vendeur une fois leur prêt remboursé. Pour ces motifs, le crédit vendeur reste marginal.

Des pourparlers à la cession effective

La lettre d'intention

Dès lors que cédant et repreneur se sont entendus sur le principe d'un rachat de l'entreprise, le repreneur adresse au vendeur une lettre d'intention.

Ce document formalise l'intention du candidat à la reprise quant au rachat de l'entreprise. Le plus souvent, il ne s'agit pas d'une promesse d'achat à proprement parler. Les termes de cette lettre sont d'ailleurs choisis pour l'occasion. Si elle indique un prix, la lettre d'intention reste suspendue à plusieurs conditions dont notamment la communication d'éléments comptables assurant au candidat repreneur une parfaite information de la situation financière de l'entreprise. Il en est tout particulièrement ainsi des éléments du passif.

De même, à ce stade des pourparlers, le cédant aura à cœur de préciser des éléments essentiels à la conclusion de la cession : modalités de paiement du prix (dont la clause de complément de prix[1]), date de la cession effective, clauses particulières (de non-concurrence, d'accompagnement…).

C'est pourquoi, compte tenu de la nature de la lettre d'intention, le cédant doit être vigilant par rapport au caractère exclusif des discussions avec le candidat repreneur d'une part, et la durée de celles-ci d'autre part. Il est essentiel pour le repreneur de bénéficier d'une exclusivité des discussions avec le cédant qui s'engage à ne pas entamer ou poursuivre de pourparlers avec un autre candidat repreneur. Cette exclusivité est nécessaire au candidat repreneur afin d'engager la recherche des financements. Néanmoins, ce délai doit être raisonnable pour l'une comme l'autre partie. Il faut en moyenne compter entre deux et trois mois pour boucler un financement.

Les engagements financiers du cédant

Les mainlevées de caution

Dans sa gestion, le cédant a pu être amené à fournir sa caution personnelle (financements, découverts…) ; c'est un engagement personnel. Il est donc important de recenser ces engagements au moyen des notifications adressées par les établissements de crédit. Ces derniers ont ainsi l'obligation vis-à-vis des personnes physiques de faire connaître à la caution avant le 31 mars de chaque année le montant de la dette restant à payer ainsi que les accessoires, frais et intérêts au 31 décembre de l'année précédente.

Une fois que les bénéficiaires des cautions sont identifiés, il est nécessaire de les informer de l'intention du cédant de vendre son entreprise (parts ou actions).

Les bénéficiaires des cautions sont susceptibles d'exiger une nouvelle caution. Il est alors opportun d'aborder ce sujet avec le candidat repreneur au cours de la négociation.

---

1. Voir ci-après.

Enfin, il est essentiel d'obtenir la notification de mainlevée de caution de la part des établissements financiers auprès desquels le cédant s'est porté caution. Seul ce document permet de se désengager.

Le sort du compte courant d'associé

Dans les sociétés, les associés ont la faculté de laisser à la disposition de la société une somme d'argent. Ces valeurs sont inscrites au passif du bilan de la société et constituent une créance de l'associé sur la société.

Si l'existence d'un compte courant s'explique par le fait que la société est redevable d'une dette envers un ou plusieurs des associés, ces valeurs n'ont que la nature de dette. C'est pourquoi la perte de la qualité d'associé à l'occasion de la cession de la société ne s'accompagne pas automatiquement d'un remboursement du compte courant d'associé. Il est alors pertinent de décider de ce qui va advenir des sommes détenues par l'associé au compte courant.

Une clause doit ainsi indiquer le sort à réserver à ces sommes inscrites au compte courant d'associé ; celles-ci peuvent être soit remboursées, soit abandonnées, et ce, totalement ou partiellement. Dès lors que les sommes inscrites au compte courant d'associé sont remboursées (même partiellement), les modalités de ce remboursement sont à définir, à l'occasion de la cession ou ultérieurement.

La garantie de passif

La clause de « garantie de passif » est commune à toutes les cessions d'entreprise. Elle n'en demeure pas moins une expression approximative qui recouvre, en réalité, des situations et surtout des clauses variées.

Ainsi, derrière le terme « garantie de passif », on retrouve principalement la garantie dite « de passif », la garantie

« d'actif et de passif », la garantie « d'actif net » et enfin la garantie « de prix ».

Le terme utilisé importe peu, ce qu'il convient notamment de déterminer c'est à la fois l'objet de la garantie, le bénéficiaire de la garantie, le montant de la garantie et la durée de la garantie.

L'objet de la garantie

L'objet de la garantie est déterminant puisqu'il fixe l'étendue de l'engagement du cédant. Il s'agit de définir les postes du bilan sur lesquels porte la garantie. Ainsi, au passif, des dettes peuvent être concernées par la garantie : par exemple, toutes les dettes, ou les dettes sociales et fiscales, ou les dettes fournisseurs. À l'actif, il s'agit de garantir que la valeur des actifs n'est pas dépréciée.

La garantie porte sur la valeur des éléments inscrits au bilan de l'entreprise. La mise en œuvre de la garantie pourra être opérée si un événement, dont l'origine remonte à une date antérieure à la cession, intervient et conduit à déprécier un élément de l'actif ou à majorer un élément du passif visé par la garantie.

Le bénéficiaire de la garantie

Le bénéficiaire de la garantie pose une alternative : soit c'est la société cédée, soit c'est le cessionnaire, c'est-à-dire le repreneur (personne physique ou personne morale), ou c'est un tiers désigné.

Dans le premier cas, la garantie vise à indemniser la société cédée à concurrence de la dépréciation s'il s'agit d'un élément de l'actif, ou à concurrence de la majoration s'il s'agit d'un élément du passif. Dans cet objectif, le bénéficiaire peut tout aussi bien désigner le repreneur (deuxième cas). Néanmoins, une différence significative peut surgir selon la qualité du bénéficiaire lorsque l'entreprise est cédée en cours d'existence de la garantie et que celle-ci est mise en œuvre.

Une autre possibilité consiste à désigner un tiers comme bénéficiaire de la garantie. C'est le cas s'agissant des éléments du passif qui s'avéreraient minorés. C'est, par exemple, une dette contestée dont l'issue, quant à son paiement, est suspendue à une décision de justice. La garantie peut alors exiger du cédant qu'il règle le montant de la dette en cas de réalisation.

Le montant de la garantie

Le montant de la garantie, comme sa durée, est l'occasion d'une négociation entre cédant et repreneur, le premier cherchant à minimiser son engagement, et le second à couvrir le plus largement possible les aléas méconnus de la gestion passée.

Un engagement limité

Un engagement illimité, tant dans son montant que dans sa durée, paraît excessif et déconnecté des réalités des affaires. Comme le dit l'adage, « même la plus belle femme du monde ne peut donner que ce qu'elle a ». *A contrario*, le repreneur n'est pas responsable des aventures passées, et, pourtant, il peut en payer le prix si elles venaient à produire leurs effets une fois la cession réalisée.

Comme en affaires, tout est question d'équilibre, une pratique répandue consiste, pour le cédant, à fournir une caution bancaire afin d'assurer au bénéficiaire que la garantie est solvable au cas où il aurait à la mettre en jeu. Cependant, cette caution est limitée dans son montant et dans sa durée. Dans cette situation, le cédant devra se préoccuper s'il sera en mesure de fournir cette caution bancaire.

Outre son coût (entre 0,5 et 1,5 % du montant cautionné + frais forfaitaires), une caution bancaire s'accompagne quasi systématiquement d'une garantie exigée par la banque qui prend la forme d'un nantissement d'instruments financiers. Ainsi, la banque, en contrepartie de la caution qu'elle fournit, exige de la part de son client, le cédant, de bloquer tout ou partie du montant cautionné, et ce, sur la durée de la garantie. Dans ce cas, il convient de considérer qu'une partie du prix de cession à due concurrence du montant de garantie exigé par la banque ne sera pas disponible pendant la durée de la garantie.

La clause de complément de prix

Les conditions de la cession négociées entre le cédant et le repreneur donnent souvent lieu à la conclusion d'une clause de complément de prix (ou « clause d'earn out » ou encore « clause d'indexation »). Cette clause est d'autant plus fréquente que le cédant consent à accompagner le repreneur pendant une certaine durée après cession.

Ce type de clause a vocation à parfaire l'accord sur le prix convenu entre les parties en distinguant, d'une part, un prix fixe (le prix de cession) exigible dès la cession et, d'autre part, un complément de prix variable et déterminé en fonction de certains éléments.

Les éléments qui servent à la détermination du complément de prix doivent se fonder sur une méthode de calcul précise et intangible dans le temps. Ainsi, le complément de prix peut se mesurer en fonction de la réalisation d'un ou de plusieurs objectifs : montant (à la clôture d'un exercice) ou évolution (sur un ou plusieurs exercices) du chiffre, du résultat d'exploitation, du nombre de clients…

Le complément de prix peut s'entendre d'un montant fixe (avec éventuellement des paliers) ou variable (%) avec ou sans montant maximum.

Le protocole d'accord

Le protocole d'accord est le contrat par lequel les parties, cédant et repreneur, s'entendent sur la chose (fonds de commerce, parts sociales, actions) et sur le prix (montant, modalités de paiement). Le projet de protocole d'accord est initié par l'une ou l'autre des parties puis amendé et/ou complété par l'autre. C'est l'affaire des conseils du cédant et du repreneur.

Une fois le protocole d'accord finalisé, une pratique consiste à réunir toutes les parties et leurs conseils pour une lecture exhaustive de celui-ci. Cette démarche peut paraître laborieuse et s'ajouter souvent à de nombreux échanges, mais c'est pourtant l'occasion de clarifier certains points de détail qui peuvent s'avérer particulièrement chronophages en cas de lecture isolée.

Situation du couple et cession de l'entreprise

Selon qu'il s'agit d'une entreprise individuelle ou d'une société, puis que le couple est marié, pacsé ou en concubinage, les modalités de la cession de l'entreprise varient.

La cession de l'entreprise individuelle

L'entrepreneur individuel est susceptible, dans certaines situations, de devoir recueillir l'accord de son conjoint/partenaire de pacs lorsque l'entreprise individuelle a été créée :

- pendant le mariage et lorsque les époux se sont placés sous le régime de communauté de biens (communauté réduite aux acquêts, communauté universelle) ;

- pendant le pacs si celui-ci a été conclu avant le 1er janvier 2007 (et que les partenaires n'ont pas opté pour le régime de la séparation de biens).

Dès lors que l'entreprise a été créée avant mariage ou pacs[1], celle-ci forme un bien propre/personnel de l'entrepreneur. Il en est de même pour l'entrepreneur qui vit en concubinage.

---

1. La question se pose exclusivement pour les pacs conclus avant le 1er janvier 2007 sans qu'ils aient fait l'objet d'une modification.

La cession des droits sociaux (parts sociales)

Le dirigeant associé est susceptible, dans certaines situations, de devoir recueillir l'accord de son conjoint/partenaire de pacs lorsque les droits cédés de la société ont été acquis :

- pendant le mariage et lorsque les époux se sont placés sous le régime de communauté de biens (communauté réduite aux acquêts, communauté universelle), si les droits sociaux ne sont pas négociables (c'est-à-dire les sociétés dont le capital est divisé en parts sociales telles que la SARL/EULR)[1] ;

- pendant le pacs, si celui-ci a été conclu avant le 1er janvier 2007 (et que les partenaires n'ont pas opté pour le régime de la séparation de biens).

Si les droits sociaux ont été acquis avant mariage ou pacs[2], ceux-ci forment des biens propres/personnels à l'associé.

Quelle que soit la situation du cédant, celui-ci devra également se plier aux règles relatives aux cessions de droits sociaux imposées par les statuts de la société (clause d'agrément).

---

1. Les cessions d'actions (SA, SAS) sont libres.
2. La question se pose exclusivement pour les pacs conclus avant le 1er janvier 2007 sans qu'ils aient fait l'objet d'une modification.

Partie 3

FISCALITÉ DE LA CESSION

■ Présentation des régimes d'exonération des plus-values à l'occasion de la cession[1]

	Entreprise individuelle ou société imposée à l'IR	Société imposée à l'IS
Exonération en fonction du montant des recettes	Exonération totale puis partielle selon le montant	Néant
Exonération en fonction de la valeur des éléments cédés	Exonération limitée à un montant	Néant
Exonération pour départ à la retraite	Exonération totale	Exonération totale
Exonération en cas de cession au sein du groupe familial (cession intrafamiliale)	Néant	Exonération totale
Exonération à l'issue du délai de report d'imposition en cas de réinvestissement	Néant	Exonération totale à l'issue du délai imposé

---

1. Hors prélèvements sociaux.

Chapitre 9

L'EXONÉRATION DES PLUS-VALUES EN FONCTION DU MONTANT DES RECETTES

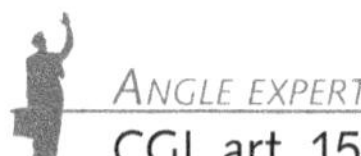

CGI, art. 151 *septies* et BOI-BIC-PVMV-40-10-10-20130204.

Les régimes d'exonération des plus-values ne concernent pas exclusivement la cession de l'entreprise en elle-même mais peuvent, et c'est le cas du régime d'exonération des plus-values en fonction du montant des recettes, concerner les cessions d'éléments de l'entreprise.

Ce régime vise à exonérer d'impôt sur le revenu les plus-values issues de la cession d'éléments de l'actif immobilisé.

Conditions

Le régime d'exonération des plus-values en fonction du montant des recettes s'adresse aux entreprises individuelles, et également aux sociétés de personnes dont les bénéfices sont imposés à l'impôt sur le revenu dès lors que l'activité est agricole, artisanale, commerciale, industrielle ou libérale et que l'exploitant ou son/ses associé(s) l'exploite(nt) à titre professionnel, c'est-à-dire de manière directe et continue depuis au moins cinq ans.

En principe, les plus-values constatées par l'entreprise à l'occasion de la cession d'un élément d'actif immobilisé donnent lieu à l'imposition de ladite plus-value selon que cette plus-value est qualifiée soit de court terme (pour les éléments cédés car acquis depuis moins de deux ans par l'entreprise), soit de long terme (pour les éléments cédés car acquis depuis au moins deux ans). Ainsi, sont visés les immeubles (à l'exception des terrains soumis à engagement de construire), les matériels, les brevets (et non les redevances de concession de brevets), les titres de participation.

Plafonnement et limites de l'exonération

L'exonération est conditionnée en fonction du montant des recettes[1] de l'entreprise. Elles ne doivent pas excéder :

- 250 000 € pour les entreprises dont l'activité consiste à vendre des marchandises ou relève d'une imposition dans la catégorie des bénéfices agricoles ;
- 90 000 € pour les entreprises dont l'activité consiste à réaliser des prestations de services ou relève d'une imposition dans la catégorie des bénéfices non commerciaux.

Ces limites sont toutefois aménagées pour les entreprises qui réalisent des recettes comprises :

- entre 250 000 € et 350 000 € pour les activités de vente de marchandises ou les exploitants agricoles ;
- entre 90 000 € et 126 000 € pour les autres activités.

Le montant de la plus-value exonérée est déterminé en appliquant la formule suivante :

- Pour les activités de vente de marchandises :

$$(350\,000 - R)/100\,000$$

---

1. Le montant des recettes annuelles s'entend de la moyenne des recettes (HT) réalisées au titre des exercices clos ramenés le cas échéant à douze mois au cours des deux années civiles qui précèdent la date de clôture de l'exercice de réalisation des plus-values.

- Pour les autres activités :

$$(126\,000 - R)/36\,000$$

Avec R = montant des recettes

Dans l'une comme l'autre situation, l'application de la formule détermine un taux à appliquer au montant de la plus-value déterminée pour obtenir la quote-part de plus-value exonérée. Le solde est imposable dans les conditions prévues pour les plus-values professionnelles.

Au-delà de ces plafonds (350 000 € et 126 000 €), le régime dérogatoire ne s'applique pas et, par conséquent, les plus-values constatées sont imposables selon les conditions prévues pour les plus-values professionnelles.

Chapitre 10

L'EXONÉRATION DES PLUS-VALUES EN FONCTION DE LA VALEUR DES ÉLÉMENTS CÉDÉS

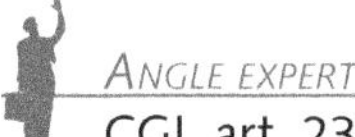

CGI, art. 238 *quindecies* et BOI-BIC-PVMV-40-20-50.

Le régime d'exonération des plus-values en fonction de la valeur des éléments cédés vise les entreprises individuelles et les sociétés dont le résultat est imposé à l'impôt sur le revenu lorsqu'elles ont une activité commerciale, industrielle, artisanale, libérale ou agricole, et si les conditions à respecter sont satisfaites.

Ce régime ne concerne pas l'apport de l'entreprise individuelle à une société[1]. Est également exclue l'opération qui consiste, pour un entrepreneur individuel, à transférer dans son patrimoine personnel un élément inscrit à l'actif de l'entreprise.

Ce régime est ouvert sur option de l'entrepreneur individuel ou de l'associé à l'occasion de la déclaration de la cession.

---

1. Chapitre 2, « Transformer l'entreprise individuelle en société ».

Conditions à respecter

Le régime d'exonération des plus-values en fonction de la valeur des éléments cédés vise les transmissions à un repreneur, que celles-ci prennent la forme d'une mutation à titre gratuit (donation ou succession) ou à titre onéreux (vente).

Dans le cas d'une entreprise individuelle, le bénéfice de l'exonération implique que la cession se réalise sur l'ensemble des éléments qui sont nécessaires à son activité. Cette activité doit être exercée par l'exploitant depuis au moins cinq ans à titre professionnel, c'est-à-dire qu'elle se traduit par une participation personnelle, directe et continue de l'exploitant dans l'accomplissement des actes nécessaires à l'activité.

Dans le cas d'une société (à l'IR), le bénéfice de l'exonération implique que la cession se réalise pour l'ensemble des droits sociaux (parts sociales ou actions) détenus par l'associé. Le régime d'exonération ne concerne alors que les associés qui exercent, depuis au moins cinq ans, leur activité professionnelle dans ladite société.

Plafonnement et limites de l'exonération

L'exonération d'imposition concerne les plus-values des éléments cédés dès lors que les conditions du régime sont satisfaites, c'est-à-dire pour une entreprise individuelle dont l'activité est commerciale : son fonds de commerce formé de la clientèle, le droit au bail et les matériels servant à l'exploitation, ainsi que l'enseigne commerciale, les marques, licences et brevets inscrits à son actif.

Cette exonération d'imposition des plus-values sur les éléments cédés est intégrale à concurrence de 300 000 €, et partielle si la valeur des éléments cédés est comprise entre 300 000 € et 500 000 €.

Dans cette dernière situation, il convient de déterminer le montant exonéré d'imposition de la plus-value de la façon suivante :

[(500 000 – valeur des éléments cédés)/200 000] × valeur des éléments cédés = quote-part de la valeur des éléments cédés dont la plus-value est exonérée

Le solde est imposé selon les modalités prévues en matière de plus-values professionnelles.

Enfin, tous les éléments cédés à l'occasion de la vente mais qui ne participent pas à la formation du fonds de commerce (stocks, immeubles) ne bénéficient pas du régime d'exonération des plus-values en fonction de la valeur des éléments cédés. Il y a lieu de les imposer selon les modalités que leur réserve le régime d'imposition des plus-values professionnelles.

Chapitre 11

L'EXONÉRATION DES PLUS-VALUES POUR DÉPART À LA RETRAITE

La concomitance de la cession de l'entreprise avec la cessation d'activité du chef d'entreprise a promu le régime d'exonération de la plus-value pour départ à la retraite au rang des régimes de faveur les plus employés. Il s'adresse ainsi aussi bien à l'entrepreneur individuel qu'au dirigeant de société. Une distinction s'introduit toutefois selon que l'entreprise cédée est imposée soit à l'impôt sur le revenu soit à l'impôt sur les sociétés. Le lecteur est invité à se reporter à la situation qui l'intéresse (IR ou IS).

Dans une entreprise dont les bénéfices sont imposés à l'impôt sur le revenu

ANGLE EXPERT
CGI, art. 151 *septies* A et BOI BIC-PVMV-40-20-20-20120912.

Un régime d'exonération des plus-values professionnelles, plus large que les précédents, vise les entrepreneurs (exploitant individuel ou associé d'une société de personnes dont les bénéfices sont imposés à l'impôt sur le revenu) qui cèdent leur entreprise à l'occasion de leur départ à la retraite. Plusieurs conditions cumulatives doivent être satisfaites.

Conditions relatives à l'entreprise

L'entreprise doit exercer une activité commerciale, industrielle, artisanale, libérale ou agricole. Cette activité doit avoir été exercée depuis au moins cinq ans. L'entreprise ou la société doit employer moins de 250 salariés et soit réaliser un chiffre d'affaires annuel inférieur à 50 millions d'euros, soit avoir un total bilan inférieur à 43 millions d'euros.

Conditions relatives à l'exploitant ou l'associé

L'exonération ne concerne que les exploitants individuels ou les associés qui exercent de manière professionnelle leur activité dans l'entreprise ou la société, c'est-à-dire qui participent aux actes nécessaires de l'activité de manière personnelle, directe et continue. En pratique, il s'agit d'évincer de ce régime de faveur les entrepreneurs en nom propre et les associés qui n'ont eu dans l'entreprise qu'un rôle marginal, se traduisant par exemple par une délégation à des salariés des responsabilités les plus élémentaires incombant à un chef d'entreprise (visa des pièces comptables et fiscales, pouvoir d'employer, de représenter la société auprès des établissements financiers…). Cela ne signifie pas que toutes les tâches doivent émaner exclusivement de l'initiative du dirigeant dès lors que l'exercice de la délégation de pouvoir forme en elle-même une action de gestion ; ce sont les situations excessives qui sont écartées.

Une dernière condition exclut du régime de faveur les cédants qui détiennent directement ou par société(s) interposée(s) plus de 50 % de la société cessionnaire, c'est-à-dire celle qui se sera portée acquéreur de l'entreprise individuelle ou des droits sociaux, et ce, pendant au moins trois ans à compter de la cession.

Conditions relatives à la nature des biens cédés

L'exonération n'est réservée qu'aux cessions de l'intégralité des droits sociaux (pour un associé) ou des éléments affectés à l'exercice professionnel (pour un exploitant individuel).

S'agissant des exploitants individuels, la cession doit concerner l'ensemble des éléments inscrits au bilan de l'entreprise et nécessaires à l'exploitation. Néanmoins, certaines modalités convenues entre vendeur et acquéreur ne remettent pas en question le bénéfice de l'exonération. C'est ainsi le cas lorsque la cession n'inclut pas la trésorerie ou des éléments du passif. De même, le bénéfice de l'exonération ne vise que la cession des éléments nécessaires à l'activité afin que le repreneur la poursuive à l'identique.

Conditions relatives au délai entre cession(s) et cessation d'activité

S'agissant des associés de sociétés relevant du régime fiscal des sociétés de personnes, la cession de l'intégralité des droits sociaux s'entend de toutes les cessions réalisées dans le délai de vingt-quatre mois suivant ou précédant soit la cessation des fonctions, soit le départ à la retraite. Et pour les entrepreneurs individuels, le délai de vingt-quatre mois s'entend à compter de la cessation de toute fonction dans l'entreprise.

Exemple

Monsieur Martin, associé unique d'une SARL unipersonnelle, 63 ans le 14 juillet 2013, cède l'intégralité de ses droits sociaux à ses deux principaux cadres. La cession se réalise en 2 temps de la manière suivante :

– vente de 25 % à Monsieur Aquier le 1er septembre 2012 ;
– vente de 75 % à Monsieur Fernandes le 1er octobre 2013.

> Monsieur MARTIN compte faire valoir ses droits à la retraite à l'issue de la période d'accompagnement, soit le 1er mars 2014. Sous réserve de satisfaire aux autres conditions, Monsieur MARTIN peut prétendre à l'exonération de l'imposition de la plus-value constatée à l'occasion de la cession de l'intégralité de ses droits sociaux.
>
> 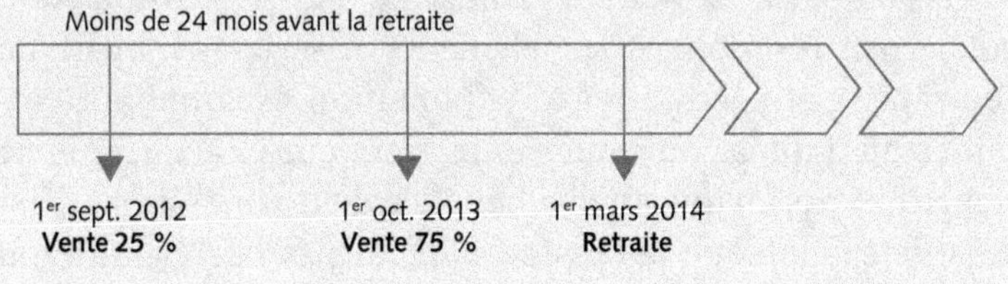
>

La cessation de toute fonction englobe tout aussi bien une fonction de direction qu'une fonction de salarié de l'entreprise ou de la société. C'est pourquoi la période d'accompagnement et le cadre légal dans lequel elle doit s'inscrire doivent être précisés compte tenu du délai des vingt-quatre mois imposé.

Dans notre exemple précédent, le délai des vingt-quatre mois permettrait à Monsieur MARTIN de prolonger sa période d'accompagnement comme salarié jusqu'au 31 août 2014. Au-delà, une collaboration entre Monsieur MARTIN et la société cédée ne pourrait s'envisager que dans le cadre d'une activité non salariée[1] (consultant) avec un contrat de prestation dont les clauses ne seraient pas manifestement déséquilibrées à son avantage (durée pluriannuelle, indemnité de rupture prohibitive…).

L'effectivité du départ à la retraite intervient au moment où l'entrepreneur ou l'associé fait valoir ses droits à la retraite[2], c'est-à-dire à la date d'entrée en jouissance des droits acquis

---

1. Chapitre 15, § « Accompagner comme indépendant ».
2. À taux plein ou non.

dans le régime de retraite de base auquel il est affilié de par son activité :

- Pour les entrepreneurs et associés qui relèvent des BIC (commerçants, artisans) et des BA (exploitants agricoles) : en principe, le 1er jour du mois qui suit la réception de la demande par la caisse de retraite ou bien, par exception, le 1er jour du mois à compter duquel l'exploitant ou l'associé en fait la demande.

- Pour les professionnels qui relèvent des BNC (libéraux) : le 1er jour du trimestre civil (1er janvier, avril, juillet ou octobre) qui suit la réception de la demande par la caisse de retraite.

Dans une société dont les bénéfices sont imposés à l'impôt sur les sociétés

Angle expert

CGI, art. 150-0 D ter et BOI-RPPM-PVBMI-20-20-20120912.

À l'image du régime d'exonération des plus-values professionnelles à l'intention des entrepreneurs (exploitant individuel ou associé d'une société à l'IR) qui cèdent leur entreprise à l'occasion de leur départ à la retraite, un régime similaire d'exonération des plus-values de cession de droits sociaux vise les dirigeants de société dont les bénéfices sont imposés à l'IS qui font valoir leur droit à retraite à l'occasion de la cession de leur société. Plusieurs conditions cumulatives doivent être satisfaites. Cette exonération concerne l'impôt sur le revenu (plus-values de cession de droits sociaux) et non les prélèvements sociaux qui s'élèvent, pour 2013, à 15,5 %.

Conditions relatives à la société

La société dont les droits sociaux sont cédés doit satisfaire à plusieurs conditions :

* exercer une activité commerciale, industrielle, artisanale, libérale, agricole ou financière[1] (sauf les sociétés dont l'objet est de gérer leur propre patrimoine),

* employer moins de 250 salariés,

* soit réaliser un chiffre d'affaires annuel inférieur à 50 millions d'euros, soit avoir un total bilan inférieur à 43 millions d'euros,

* et ne pas être détenue, pour au moins 25 %, par des personnes morales qui ne répondent pas aux critères ci-dessus.

Conditions relatives au dirigeant

Les dirigeants visés par cette mesure sont ceux qui détiennent au moins 25 % du capital de la société[2] depuis cinq ans. Ils doivent avoir également exercé de manière continue, et pendant cinq ans, l'une des fonctions suivantes : gérant, président, directeur général, président du conseil de surveillance.

L'exercice de cette fonction doit se réaliser de manière effective, donner lieu à une rémunération normale (c'est-à-dire en adéquation avec la nature et l'importance de l'activité de la société ainsi que sa rentabilité) représentant plus de la moitié des revenus de source professionnelle du cédant.

L'intégralité des droits sociaux détenus doit être cédée. De plus, lorsque l'acquéreur est une société, le dirigeant cédant ne doit pas participer au capital de l'acquéreur.

---

1. Sont également visées les sociétés holding dont l'objet consiste à détenir des participations dans des sociétés dont l'activité est commerciale, industrielle, artisanale, libérale ou agricole.
2. Le seuil de 25 % s'apprécie en considérant la participation détenue directement, indirectement et par le groupe familial du dirigeant (conjoint ou partenaire de pacs, enfants, parents, frères et sœurs).

Conditions relatives aux droits sociaux cédés

Le mécanisme de ce régime consiste à appliquer sur le montant de la plus-value constatée à l'occasion de la cession un abattement d'un tiers par année de détention à compter de la sixième année, ce qui conduit à une exonération totale à compter de la huitième année de détention. Le décompte du nombre d'années se calcule à partir du 1er janvier de l'année d'acquisition des droits sociaux (parts sociales ou actions).

Conditions relatives au délai entre cession(s) et cessation d'activité

S'agissant des associés de sociétés relevant du régime fiscal des sociétés de capitaux, la cession de l'intégralité des droits sociaux s'entend de toutes les cessions réalisées dans le délai de vingt-quatre mois suivant ou précédant soit la cessation des fonctions, soit le départ à la retraite.

Exemple

Monsieur MARTIN, associé unique d'une SAS unipersonnelle, 63 ans le 14 juillet 2013, cède l'intégralité de ses droits sociaux à ses deux principaux cadres. La cession se réalise en 2 temps de la manière suivante :

– vente de 25 % des droits sociaux à Monsieur AQUIER le 1er septembre 2012 ;

– vente de 75 % à Monsieur FERNANDES le 1er octobre 2013.

Monsieur MARTIN compte faire valoir ses droits à la retraite à l'issue de la période d'accompagnement, soit le 1er mars 2014. Sous réserve de satisfaire aux autres conditions, Monsieur MARTIN peut prétendre à l'exonération de l'imposition de la plus-value constatée à l'occasion de la cession de l'intégralité de ses droits sociaux.

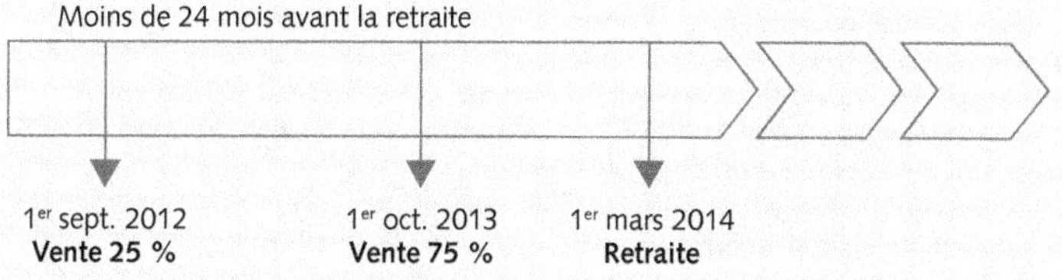

La cessation de toute fonction englobe tout aussi bien une fonction de direction qu'une fonction de salarié de l'entreprise ou de la société. C'est pourquoi la période d'accompagnement et le cadre légal dans lequel elle doit s'inscrire doivent être précisés compte tenu du délai des vingt-quatre mois imposé.

Dans notre exemple précédent, le délai des vingt-quatre mois permettrait à Monsieur MARTIN de prolonger sa période d'accompagnement comme salarié jusqu'au 31 août 2014. Au-delà, une collaboration entre Monsieur MARTIN et la société cédée ne pourrait s'envisager que dans le cadre d'une activité non salariée[1] (consultant) avec un contrat de prestation dont les clauses ne seraient pas manifestement déséquilibrées à son avantage (durée pluriannuelle, indemnité de rupture prohibitive…).

L'effectivité du départ à la retraite intervient au moment où le dirigeant cédant fait valoir ses droits à la retraite[2], c'est-à-dire à la date d'entrée en jouissance des droits acquis dans le régime de retraite de base auquel il est affilié de par sa fonction de direction :

- Pour les dirigeants de société qui relèvent du régime des salariés, artisans et commerçants : en principe, le 1er jour du mois qui suit la réception de la demande par la caisse de retraite ou, par exception, le 1er jour du mois à compter duquel le dirigeant en fait la demande ;

- Pour les dirigeants de société dont l'activité est libérale : le 1er jour du trimestre civil (1er janvier, avril, juillet ou octobre) qui suit la réception de la demande par la caisse de retraite.

---

1. Chapitre 15, § « Accompagner comme indépendant ».
2. À taux plein ou non.

Chapitre 12

L'EXONÉRATION DE LA PLUS-VALUE EN CAS DE CESSION AU SEIN DU GROUPE FAMILIAL (CESSION INTRAFAMILIALE)

CGI, art. 150-0 A I 3 et BOI-RPPM-PVBMI-10-20-30-20120912.

Le régime d'exonération de la plus-value de cession de droits sociaux au sein du groupe familial s'adresse aux dirigeants qui cèdent leur participation à un membre de leur groupe familial d'une société dont le résultat est imposé à l'impôt sur les sociétés. L'exonération porte sur la plus-value. Les prélèvements sociaux restent dus à un taux de 15,5 %.

Ce régime est suspendu à la satisfaction de plusieurs conditions.

Conditions relatives au cédant

Le régime d'exonération vise le dirigeant qui cède seul ou avec les membres de son groupe familial[1] les droits dès lors qu'ils ont détenu, à un moment au cours des cinq dernières années, au moins 25 %[2] du capital de la société dont les droits sociaux sont cédés.

---

1. Le « groupe familial » est formé par le cédant et son conjoint ou son partenaire de pacs, ses ascendants et descendants, ses frères et sœurs, les ascendants et descendants de son conjoint, les frères et sœurs de son conjoint.
2. Le seuil de 25 % s'apprécie au regard des droits dans les bénéfices.

Conditions relatives au cessionnaire et aux cessions postérieures

La cession doit intervenir entre le cédant et un membre de son groupe familial (le cessionnaire). L'acquéreur a obligation de ne pas céder les droits sociaux acquis à un tiers dans le délai de cinq ans à compter de la cession qui bénéficie de l'exonération.

Toutefois, dans ce délai, les droits sociaux acquis du premier cédant peuvent être cédés sans remise en cause du bénéfice de l'exonération, à condition que cette nouvelle cession se réalise au profit d'un membre du groupe familial du premier cédant.

Exemple

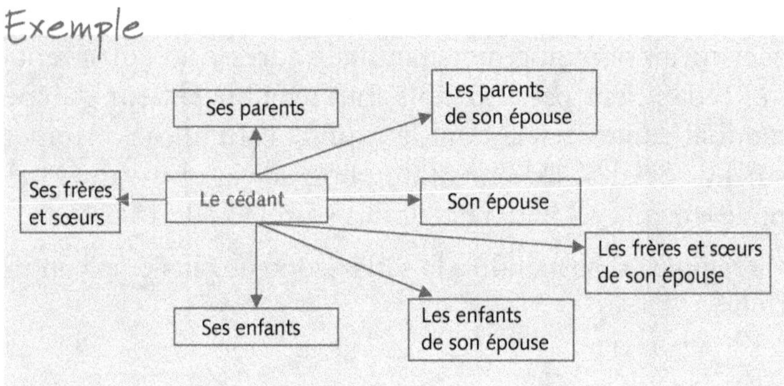

Les limites du régime

Le régime d'exonération des plus-values pour les cessions au sein du groupe familial offre un régime de faveur large et simple d'application. Néanmoins, le bénéfice de l'exonération ne tolère pas que la cession soit réalisée à une société, même si celle-ci est détenue par un ou plusieurs membres du groupe familial.

Cette difficulté obère la possibilité de financer le rachat des droits sociaux par l'intermédiaire d'une société. Ainsi, le schéma qui consiste, pour le repreneur, à constituer une société holding de reprise en vue du rachat en recourant à l'emprunt ne peut pas ouvrir droit à l'exonération de la plus-value en cas de cession au sein du groupe familial (cession intrafamiliale).

Si le recours à un financement bancaire est indispensable, deux possibilités sont alors envisageables :

- Soit du côté du vendeur : se placer sous le bénéfice du régime d'exonération des plus-values pour départ à la retraite (à défaut, le cédant pourra bénéficier du taux forfaitaire réduit à 19 % réservé aux entrepreneurs qui ont participé au développement de la société[1]) ;

- Soit du côté du repreneur : emprunter à son nom, ce qui peut s'avérer très onéreux pour la société qui devra verser une rémunération (avec charges sociales) suffisante pour permettre au repreneur de financer le remboursement de l'emprunt.

___

1. Chapitre 13, « L'imposition forfaitaire "entrepreneurs" ».

Chapitre 13

L'IMPOSITION FORFAITAIRE
« ENTREPRENEURS »

ANGLE EXPERT
CGI, art. 200 A 2 bis[1].

Par dérogation au nouveau régime d'imposition des plus-values de cession des droits sociaux[2], les entrepreneurs qui ont participé au développement d'une société dont les bénéfices sont imposés à l'impôt sur les sociétés disposent de la faculté[3] de voir les plus-values de cession des droits sociaux cédés imposées à l'impôt sur le revenu dans la catégorie des plus-values sur valeurs mobilières au taux forfaitaire de 19 % au lieu du barème progressif de l'impôt sur le revenu auquel il convient d'ajouter les prélèvements sociaux pour 15,5 %, soit un total de 34,5 %.

Cette mesure déroge aux nouvelles règles en matière d'imposition des gains de cession de valeurs mobilières (dont droits sociaux) car ces derniers sont maintenant soumis au

---

1. Au jour d'édition de l'ouvrage, le BOI (www.bofip.impots.gouv.fr) n'a pas été publié s'agissant de ce régime d'imposition.
2. Les nouvelles modalités d'imposition des plus-values de cession de droits sociaux consistent à imposer au barème progressif de l'impôt sur le revenu les plus-values constatées à l'occasion de la cession de droits sociaux après application d'un abattement de 20, 30 ou 40 %, en fonction de la durée de détention des droits sociaux cédés.
3. Sur option.

barème progressif de l'impôt dont le taux marginal atteint désormais 45 %[1].

Conditions relatives à la société

La société dont les droits sociaux sont cédés doit exercer une activité industrielle, commerciale, artisanale, agricole ou libérale. Les sociétés holding sont également visées par ce régime d'imposition dès lors qu'elles présentent le caractère de holding animatrice de leur groupe.

La condition relative à la nature de l'activité de la société doit être démontrée sur les dix années précédant la cession, ou alors depuis la création de la société si celle-ci est intervenue moins de dix années avant la cession des droits sociaux.

Conditions relatives à l'entrepreneur

Le mot « entrepreneur » vise dans ce régime l'associé qui, à la date de la cession, exerçait une fonction de direction et/ ou une activité salariée depuis au moins cinq ans.

S'il s'agit d'une fonction de direction, les conditions ci-après sont à satisfaire :

- Avoir exercé une des fonctions de direction suivantes : gérant, président, directeur général, président du conseil de surveillance, membre du directoire.

- Avoir exercé cette fonction de manière continue et effective, c'est-à-dire pendant les cinq ans qui précèdent la

---

1. En l'absence d'une tranche marginale dont le taux serait plus élevé tel que prévu initialement dans la loi de finances pour 2013 et censurée par le Conseil constitutionnel (décision n° 2012-662 DC).

cession, et l'avoir effectivement assumée : prise de décision, participation aux décisions stratégiques, pouvoir d'embaucher, négociation avec les fournisseurs, représentation de la société auprès de l'Administration…

- Avoir reçu une rémunération normale en adéquation avec les responsabilités inhérentes à la fonction, la taille et la rentabilité de la société.

Conditions relatives à la détention des droits sociaux

Le bénéfice du taux forfaitaire est réservé aux entrepreneurs qui, avec leur groupe familial[1], ont détenu de manière continue les droits sociaux cédés durant les cinq années précédant la cession. De plus, les droits sociaux cédés doivent avoir représenté, pendant au moins deux ans au cours des dix années précédant la cession, au moins 10 %[2] du capital de la société et représenter, au jour de la cession, au moins 2 % du capital de la société.

Exemple

Monsieur MORGAN est marié avec 2 enfants mineurs à charge[3]. En 2013, il cède les droits sociaux de la société qu'il a créée il y a huit ans pour 600 000 € (montant retenu au titre la plus-value de cession). Toutes les conditions pour bénéficier du taux forfaitaire de 19 % sont respectées.

---

1. Le « groupe familial » est formé par le cédant et son conjoint ou son partenaire de pacs, ses ascendants et descendants, ses frères et sœurs, les ascendants et descendants de son conjoint, les frères et sœurs de son conjoint.
2. Ce seuil est apprécié en fonction des droits de vote ou des droits dans les bénéfices de la société.
3. Le foyer fiscal est donc formé de 3 parts.

	Sans l'imposition forfaitaire de 19 %	Avec l'imposition forfaitaire de 19 %
Revenus imposables au barème[1]	660 000 (dont la plus-value)	60 000
Plus-value de cession	Incluse dans les revenus soumis au barème	600 000
Montant de l'impôt sur le revenu[2]	259 085	123 183

---

1. Il s'agit du revenu net global imposable du foyer fiscal.
2. Il n'est pas fait application de réductions d'impôt ou de calcul de plafonnement du quotient. Hors prélèvements sociaux.

Chapitre 14

L'EXONÉRATION À L'ISSUE DU DÉLAI DE REPORT D'IMPOSITION EN CAS DE RÉINVESTISSEMENT

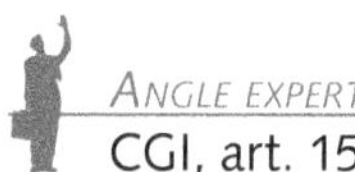

ANGLE EXPERT

CGI, art. 150-0 D bis et BOI-RPPM-PVBMI-30-10-50[1].

Dès lors qu'il ne peut bénéficier d'un régime d'exonération de la plus-value constatée à l'occasion de la cession des droits sociaux d'une société dont les bénéfices sont imposés à l'impôt sur les sociétés, le dirigeant dispose, outre la faculté de voir le montant de la plus-value de cession imposée au taux forfaitaire « entrepreneurs » de 19 %, de bénéficier[2] du régime de report d'imposition.

Le régime de report d'imposition constitue un régime d'exonération à terme. L'intérêt de ce régime est de permettre à un cédant de décaler l'imposition dans le temps et de ne pas amputer le prix issu de la cession s'il est réemployé dans une activité économique dans les conditions imposées.

Les prélèvements sociaux restent dus à l'occasion de la cession, soit 15,5 %.

---

1. Au jour d'édition de l'ouvrage, le BOI n'a pas été actualisé des récentes modifications apportées par la loi de finances pour 2013 (L. n° 2012-1509 du 29 décembre 2012 – art. 10) et de la loi de finances rectificative pour 2012 (L. n° 2012-1510 du 29 décembre 2012 – art. 18).
2. Sur option.

Conditions relatives à la société dont les droits sociaux sont cédés

La société dont les droits sociaux (parts sociales ou actions) sont cédés doit être imposée à l'impôt sur les sociétés (de droit ou sur option). Elle doit avoir exercé durant les huit années précédant la cession une activité commerciale, industrielle, artisanale, libérale, agricole. Les sociétés holding sont également visées par le régime si leur activité consiste à détenir des participations dans des sociétés dont l'activité est commerciale, industrielle, artisanale, libérale, agricole.

Conditions relatives au cédant

Pour bénéficier du report d'imposition, le cédant doit avoir détenu, avec son groupe familial[1], les droits sociaux cédés de manière continue et pendant les huit années précédant la cession. Les droits sociaux cédés doivent avoir représenté, durant les huit années précédant la cession, au moins 10 % du capital[2].

Conditions relatives au réinvestissement

Le report de l'imposition de la plus-value des droits sociaux cédés s'accompagne de l'engagement du cédant d'investir au moins 50 % du prix de cession[3] dans le délai de vingt-

---

1. Le « groupe familial » est formé par le cédant et son conjoint ou son partenaire de pacs, ses ascendants et descendants, ses frères et sœurs, les ascendants et descendants de son conjoint, les frères et sœurs de son conjoint.
2. Ce seuil est apprécié en fonction des droits de vote ou des droits dans les bénéfices de la société.
3. Net des prélèvements sociaux.

quatre mois à compter de la cession au capital[1] d'une ou de plusieurs sociétés[2]. Les droits sociaux reçus à l'occasion du réinvestissement doivent être conservés pendant au moins cinq ans.

Le report d'imposition (et donc indirectement l'exonération) porte exclusivement sur la quote-part réinvestie dans les conditions citées précédemment.

Conditions relatives à la société dans laquelle est réalisé le réinvestissement

Pour bénéficier du report d'imposition, le réinvestissement doit se réaliser directement par le cédant dans une société imposée à l'impôt sur les sociétés. Elle doit exercer une activité commerciale, industrielle, artisanale, libérale, agricole ou détenir des participations dans des sociétés dont l'activité est éligible.

Le réinvestissement doit conduire à détenir au moins 5 %[3] du capital de la société à l'issue du délai de vingt-quatre mois.

---

1. À l'occasion d'une souscription au capital lors de la création ou d'une augmentation de capital entièrement libéré.
2. L'investissement peut également se réaliser dans un ou plusieurs fonds communs de placements à risques (FCPR) ou sociétés de capital-risque (SCR).
3. Ce seuil est apprécié en fonction des droits de vote ou des droits dans les bénéfices de la société.

LA PÉRIODE POST-CESSION

Chapitre 15
La période d'accompagnement

L'accompagnement du repreneur est quasi systématique dans les PME. Cette période est indispensable au repreneur qui débute dans sa fonction de dirigeant de l'entreprise mais doit s'appuyer sur l'expérience du cédant tant vis-à-vis des clients ou fournisseurs que des collaborateurs de l'entreprise. Les conditions de la cession et les projets du cédant tendent à orienter les modalités de cet accompagnement.

Accompagner comme tuteur

Angle expert

C. comm., art. L. 129-1 et décret n° 2007-478 du 29 mars 2007.

L'accompagnement réalisé par le cédant auprès du repreneur de l'entreprise cédée peut se réaliser dans le cadre du tutorat. Cette aide peut donner lieu à rétribution.

Les conditions

Le tuteur doit satisfaire aux engagements convenus avec le repreneur et dont le détail figure dans la convention de tutorat.

Lorsque le tutorat donne lieu à rétribution, le tuteur doit en informer le régime social des indépendants (RSI) auquel il adresse une copie de la convention de tutorat.

Pour bénéficier de l'accompagnement du cédant dans le cadre d'une convention de tutorat, le repreneur doit détenir la majorité des parts ou actions[1] de la société reprise.

La convention de tutorat

L'accompagnement se réalise dans le cadre d'une convention conclue entre le cédant et le repreneur. La durée de l'aide doit être comprise entre deux mois et un an.

La convention détermine les actions que doit engager le tuteur auprès du repreneur. Ces actions doivent porter sur plusieurs points dont certains sont indispensables tels que :

- la gestion financière et comptable de l'entreprise ;

- l'action et la gestion commerciale (clients et fournisseurs) ;

- les modalités selon lesquelles le tuteur doit accomplir son action (présence, actions, rendez-vous…) ;

- la durée du tutorat et éventuellement les modalités de sa prolongation (sans excéder un an, prolongations incluses) ;

- le montant et les modalités de versement de la rétribution du tuteur et éventuellement du remboursement des frais engagés par ce dernier.

Les précautions

Le statut de tutorat, comme la convention qui l'encadre, offre au cédant et au repreneur un cadre légal dans lequel leur relation est formalisée par la convention de tutorat.

Néanmoins, le cédant doit rester vigilant au plan fiscal, et notamment lorsque celui-ci a cédé son entreprise individuelle ou ses droits sociaux (parts sociales ou actions) en bénéficiant de l'exonération de la plus-value à l'occasion de son départ en retraite. Ce régime impose, en effet, au cédant de cesser toute activité à l'échéance d'une certaine période.

----

1. Avec son conjoint ou son partenaire de pacs.

Accompagner comme salarié de l'entreprise cédée

Les modalités

À l'issue de la cession, il appartient au repreneur (directement ou en la personne de la société) d'embaucher le cédant en qualité de salarié.

En pratique, le choix du salariat peut s'envisager tout particulièrement en présence d'une clause de complément de prix par laquelle le repreneur s'engage à verser au cédant un complément de prix en exécution de ladite clause dont le montant est exclusivement déterminé en fonction d'une indexation en relation directe avec l'activité de la société[1].

Il convient alors de déterminer une durée de contrat de travail (CDD) en adéquation avec l'échéance (en général, la date de clôture du bilan) à laquelle sera déterminé le montant du complément de prix.

Le cumul emploi-retraite

Le cédant peut, notamment en qualité de salarié, cumuler sa retraite avec les revenus issus d'une activité professionnelle.

Pour bénéficier du cumul, le cédant doit avoir :

* cessé son activité ;
* liquidé ses droits à pension dans le régime de base et également dans les régimes complémentaires ;
* 60 ans si lui est ouvert le bénéfice d'une pension de retraite au taux plein, ou 65 ans si le bénéfice d'une pension de retraite à taux plein n'a pu lui être ouvert avant.

Le cumul emploi-retraite impose d'informer les régimes de retraite (de base et complémentaires). Il est d'ailleurs recommandé de se rapprocher préalablement des régimes de

---

1. Chapitre 8, § « Des pourparlers à la cession effective ».

retraite complémentaires dont les règles de cumul emploi-retraite peuvent varier par rapport au régime de base.

Les limites

La conclusion d'un contrat de travail place l'employeur comme l'employé dans une situation qui se prête difficilement aux relations entre cédant et repreneur : lien de subordination, obligations de l'employeur, droits du salarié… Les cédants sont rares à accepter même l'idée de devenir salarié de leur repreneur après avoir dirigé, voire créé, l'entreprise cédée.

L'embauche du cédant comme salarié s'inscrit obligatoirement dans l'intérêt du repreneur comme du cédant à court terme (quelques mois). Cependant, cette solution est à proscrire lorsque le cédant a bénéficié d'une exonération de la plus-value à l'occasion de son départ en retraite. Ce régime impose, en effet, au cédant de cesser toute activité salariée à l'échéance d'une certaine période.

Accompagner comme indépendant

Les modalités

L'accompagnement réalisé par le cédant emprunte le plus souvent la forme de prestation de conseil en qualité d'indépendant. Cette forme d'activité exclut donc la conclusion d'un contrat de travail pour privilégier la relation contractuelle au sens commercial du terme. Les parties, cédant et repreneur, s'engagent sur la réalisation d'une prestation rémunérée.

Le cédant doit tout d'abord déterminer dans quel cadre il souhaite réaliser cette activité : auto-entrepreneur, entrepreneur individuel ou société.

Les différentes formes de poursuite d'activité

En tant qu'auto-entrepreneur

L'auto-entrepreneurariat est sans aucun doute le mode d'exploitation le plus simple et le moins lourd autant du point de vue de la création que des obligations comptables et fiscales. Le statut d'auto-entrepreneur est d'ailleurs compatible avec le bénéfice du régime de cumul emploi-retraite[1].

La création de l'activité impose une déclaration de début d'activité auprès du RSI ou sur le site www.lautoentrepreneur.fr.

Le plafond de chiffre d'affaires annuel pour une activité qui consiste à réaliser des prestations de services s'élève à 32 600 €[2].

En matière de TVA, c'est le régime de la franchise en base qui s'applique obligatoirement. L'auto-entrepreneur ne facture pas de TVA. En contrepartie, il ne peut pas déduire celle dont il s'est acquitté au cours de son cycle d'exploitation (achats).

L'auto-entrepreneur peut bénéficier du prélèvement forfaitaire libératoire à l'impôt sur le revenu[3] dès lors qu'il opte pour le régime microsocial.

À compter du 1er janvier 2013, pour les auto-entrepreneurs qui réalisent des activités de prestations de services pour lesquelles ils sont affiliés au RSI, le prélèvement global s'élève à 26,30 % du chiffre d'affaires :

- 24,60 % au titre du régime microsocial ;
- 1,70 % au titre du prélèvement forfaitaire libératoire à l'impôt sur le revenu.

---

1. Sous réserve de respecter les limites relatives au plafond de chiffre d'affaires.
2. Calculé *prorata temporis* à compter de la date de déclaration de début d'activité.
3. Sur option et sous réserve que pour 2013 le revenu fiscal de référence 2011 ne soit pas supérieur à 26 420 € par part (foyer fiscal).

Chaque mois ou chaque trimestre, l'auto-entrepreneur a l'obligation de déposer auprès du RSI une déclaration de chiffre d'affaires même si celui-ci a été nul au cours de la période pour laquelle la déclaration est souscrite.

En tant qu'entrepreneur individuel

À condition d'accepter des obligations comptables et fiscales plus étendues par rapport au statut d'auto-entrepreneur, l'entreprise individuelle présente l'avantage de ne pas imposer de plafond en termes de chiffre d'affaires.

L'entreprise individuelle offre ainsi un mode d'exploitation adapté pour la réalisation d'une activité régulière.

Par l'intermédiaire d'une société (EURL)

Parmi les formes de société, l'EURL se détache comme la forme de société la plus répandue afin de développer en solo une activité par l'intermédiaire d'une société.

L'avantage de l'EURL réside dans la faculté dont dispose l'associé quant à l'imposition des résultats de la société : IR ou IS.

Si l'EURL opte pour l'imposition de ses bénéfices à l'IS, cette faculté conduit également à organiser les modes de rémunération de l'associé gérant entre rémunération assimilée à du salaire et dividendes.

Cet avantage se trouve toutefois tempéré à compter du 1er janvier 2013. En effet, les dividendes versés à des gérants majoritaires sont désormais imposés aux cotisations sociales au même titre que les rémunérations sur la partie représentant plus de 10 % du capital social de la société.

Exemple

Une EURL est constituée avec, pour capital social, 10 000 €.

À l'issue de la première année d'activité, l'associé gérant décide de se verser un dividende de 6 000 €. La fraction de dividendes supérieure à 10 % du capital social (10 % x 10 000 = 1 000), soit 5 000 € (6 000 − 1 000), est assujettie aux cotisations sociales.

Comparatif

Le tableau ci-dessous présente les avantages et inconvénients de chaque forme d'exploitation dans l'exercice d'une activité post-cession.

	Avantages	Inconvénients
Auto-entrepreneur	– Démarches administratives simples (www.lauto-entrepreneur.fr) – Obligations comptables et fiscales allégées – Gestion quotidienne aisée	– Limite annuelle de chiffres d'affaires : 32 600 € pour une activité de prestations de service
Entrepreneur individuel	– Démarches administratives allégées – Obligations comptables et fiscales adaptées pour une activité régulière	– Suivi minimum dans la gestion quotidienne – Comptabilité annuelle à établir – Responsabilité de l'entrepreneur
Société (EURL)	– Écran juridique entre l'associé et l'exploitation – Possibilité de s'associer – Alternative entre imposition des résultats à l'IR ou à l'IS	– Coût des formalités : statuts, immatriculation – Obligations comptables et fiscales rigoureuses

Chapitre 16

LA FISCALITÉ APRÈS CESSION

Il est un fait que la fiscalité occupe, voire préoccupe, le cédant lors de la cession. Les chapitres précédents auront eu pour objet de clarifier sa situation à cette occasion. Il n'en demeure pas moins qu'une fois la cession réalisée, la situation fiscale du cédant s'en trouvera plus ou moins modifiée. La mesure des conséquences fiscales de la cession de l'entreprise sur le patrimoine du cédant mérite une attention à la hauteur des modifications auxquelles celui-ci aura à faire face.

La remise en cause des réductions d'impôt pour investissements PME

ANGLE EXPERT

Réduction à l'impôt sur le revenu > CGI, art. 199 *terdecies* O A et BOI-IR-RICI-90-30-20120912.
Réduction à l'impôt sur la fortune > CGI, art. 885-O V bis et BOI-PAT-ISF-40-30-30-10-20120912.

Les contribuables (dirigeants ou non) qui souscrivent au capital d'une PME (directement ou indirectement) peuvent bénéficier d'une réduction d'impôt à l'impôt sur le revenu et/ou à l'impôt de solidarité sur la fortune[1].

---

1. Sans toutefois pouvoir se cumuler ; un euro ouvrant droit soit à réduction IR, soit à réduction ISF.

Si un dirigeant cède les droits sociaux (parts sociales ou actions) de la société dans laquelle il a souscrit au capital de la société à l'occasion d'augmentation de capital pendant les cinq années qui précèdent la cession, la réduction d'impôt de laquelle il a bénéficié est remise en cause au motif que le délai de détention de cinq ans n'est pas respecté.

Ainsi, pour les cessions intervenues au cours de l'année 2013, sont visées par la remise en cause les souscriptions au capital intervenues à partir du 1er janvier 2008 dès lors qu'elles ont ouvert droit à réduction d'impôt.

L'impôt de solidarité sur la fortune (ISF)

ANGLE EXPERT
BOI-PAT-ISF-20120912.

Outre les conséquences fiscales relatives à l'imposition de la plus-value et des prélèvements sociaux, la cession de l'entreprise par l'entrepreneur a pour conséquence de mettre un terme à l'exonération au titre des biens professionnels dont bénéficie le chef d'entreprise à l'impôt de solidarité sur la fortune (ISF). La somme perçue en contrepartie de la vente de l'entreprise augmente à due concurrence le patrimoine net imposable à l'ISF.

Le fait générateur de l'ISF est fixé au 1er janvier de l'année. Par conséquent, une cession d'entreprise intervenue au cours de l'année 2013 n'aura de conséquence que pour l'ISF au titre de l'année 2014.

Malgré des réformes successives qui ont touché l'ISF depuis 2011, il est probable que les dispositions adoptées à l'occasion de la loi de finances pour 2013 ne soient pas sujettes à modifications dans un avenir proche.

Détermination du patrimoine net taxable

Le patrimoine net taxable est déterminé, pour le foyer fiscal[1], par la différence entre l'actif brut et le passif déductible.

- L'actif brut comprend l'ensemble des biens détenus (immeubles bâtis ou non bâtis, droits sociaux, valeurs mobilières, liquidités, autres meubles) au 1er janvier de l'année.

- Le passif comprend l'ensemble des dettes certaines au 1er janvier de l'année. Il peut s'agir de dettes légales (IR, ISF, taxe foncière, taxe d'habitation) ou de dettes conventionnelles (prêts bancaires, découverts, chèques tirés et non débités).

Un certain nombre de biens bénéficient d'une exonération totale ou partielle :

- les biens professionnels ;
- les bois et forêts, ainsi que les parts de groupements forestiers ;
- les rentes viagères assimilables à des pensions de retraite ;
- les sommes ou rentes allouées à titre de réparation de dommages corporels ;
- les parts ou actions de sociétés bénéficiant d'un engagement collectif de conservation ;
- les parts ou actions détenues par les salariés ou mandataires sociaux ;
- les objets d'antiquité, d'art ou de collection ;
- …

---

1. Le foyer fiscal au sens de l'ISF comprend le contribuable (célibataire, divorcé, veuf, marié ou pacsé ainsi que le concubin notoire) et les enfants mineurs.

Calcul de l'ISF

À compter du 1er janvier 2013, sont imposables à l'ISF les contribuables dont le patrimoine net taxable est supérieur à 1 300 000 € et pour lesquels le montant de l'ISF est calculé à compter d'un patrimoine net de 800 000 €.

Le barème est le suivant :

	Tranche	Taux
Entre 800 000 et 1 300 000 €	500 000 €	0,50 %
Supérieur à 1 300 000 et inférieur ou égal à 2 570 000 €	1 270 000 €	0,70 %
Supérieur à 2 570 000 et inférieur ou égal à 5 000 000 €	2 430 000 €	1 %
Supérieur à 5 000 000 et inférieur ou égal à 10 000 000 €	5 000 000 €	1,25 %
Supérieur à 10 000 000 €		1,50 %

Pour les contribuables dont le patrimoine net taxable est inférieur à 1 400 000 €, une décote s'applique qui conduit à diminuer le montant de l'ISF dû (par application du barème ci-dessus) d'un montant obtenu en appliquant la formule suivante :

$$17\,500 - (P \times 1{,}25\,\%)$$

Exemple

Soit un patrimoine net taxable de 1 300 000 € :

– Le montant de l'ISF avant décote s'élève à (1 300 000 – 800 000) x 0,50 % = 2 500 €.

– Le montant de la décote s'élève à 17 500 – (1 300 000 x 1,25 %) = 1 250 €.

– Le montant de l'ISF après décote s'élève à 2 500 – 1 250 = 1 250 €.

Les réductions d'ISF

Désormais, aucune réduction d'ISF n'est ouverte pour personnes à charge. Seuls les investissements dans les PME, FIP, FCPI, ainsi que les dons, ouvrent droit à réduction d'impôt.

Un mécanisme de plafonnement est prévu. Celui-ci a pour objet de diminuer le montant de l'ISF dès lors que[1] :

Total ISF de l'année + IR (et prélèvements libératoires) des revenus perçus l'année précédente > 75 % du total revenus mondiaux nets de frais professionnels de l'année précédente

Le solde supérieur au seuil de 75 % représente le montant à diminuer de l'ISF calculé.

Modalités déclaratives

Les modalités de déclaration d'ISF établissent une distinction entre les contribuables disposant d'un actif net imposable inférieur à 2 570 000 € et ceux dont l'actif net imposable est supérieur à ce seuil :

- Les premiers bénéficient d'obligations déclaratives simplifiées. Celles-ci se réalisent à l'occasion de la déclaration des revenus (déclaration 2042 C) en indiquant à la fois le montant de l'actif brut imposable et le montant de l'actif net imposable.

- Les seconds doivent déposer une déclaration 2725 avant le 15 juin 2013 accompagnée du paiement.

---

1. Au jour d'édition de l'ouvrage, aucune instruction de l'Administration n'était publiée afin de préciser les éléments à considérer pour le calcul du plafonnement.

ANNEXES

Liasses fiscales
▪ Tableau 2050 (actif)

cerfa N° 10937 ✱ 15
Formulaire obligatoire (article 53 A du code général des impôts)

① **BILAN — ACTIF**

DGFiP N° 2050 2013
Renvoi au DGFiP

Désignation de l'entreprise …… Durée de l'exercice exprimée en nombre de mois *

Adresse de l'entreprise …… Durée de l'exercice précédent *

Numéro SIRET * ☐☐☐☐☐☐☐☐☐☐☐☐☐☐

Néant ☐ *

Exercice N clos le — N – 1

		Brut (1)		Amortissements, provisions (2)	Net (3)	Net (4)
Capital souscrit non appelé (I)	AA					
Frais d'établissement *	AB		AC			
Frais de développement *	CX		CQ			
Concessions, brevets et droits similaires	AF		AG			
Fonds commercial (1)	AH		AI			
Autres immobilisations incorporelles	AJ		AK			
Avances et acomptes sur immobilisations incorporelles	AL		AM			
Terrains	AN		AO			
Constructions	AP		AQ			
Installations techniques, matériel et outillage industriels	AR		AS			
Autres immobilisations corporelles	AT		AU			
Immobilisations en cours	AV		AW			
Avances et acomptes	AX		AY			
Participations évaluées selon la méthode de mise en équivalence	CS		CT			
Autres participations	CU		CV			
Créances rattachées à des participations	BB		BC			
Autres titres immobilisés	BD		BE			
Prêts	BF		BG			
Autres immobilisations financières *	BH		BI			
TOTAL (II)	BJ		BK			
Matières premières, approvisionnements	BL		BM			
En cours de production de biens	BN		BO			
En cours de production de services	BP		BQ			
Produits intermédiaires et finis	BR		BS			
Marchandises	BT		BU			
Avances et acomptes versés sur commandes	BV		BW			
Clients et comptes rattachés (3) *	BX		BY			
Autres créances (3)	BZ		CA			
Capital souscrit et appelé, non versé	CB		CC			
Valeurs mobilières de placement (dont actions propres :)	CD		CE			
Disponibilités	CF		CG			
Charges constatées d'avance (3) *	CH		CI			
TOTAL (III)	CJ		CK			
Frais d'émission d'emprunt à étaler (IV)	CW					
Primes de remboursement des obligations (V)	CM					
Écarts de conversion actif * (VI)	CN					
TOTAL GÉNÉRAL (I à VI)	CO		1A			

Renvois : (1) Dont droit au bail … — (2) Part à moins d'un an des immobilisations financières nettes : CP — (3) Part à plus d'un an : CR

Clause de réserve de propriété * : Immobilisations … Stocks : … Créances : …

* Des explications concernant cette rubrique sont données dans la notice n° 2032.

1er EXEMPLAIRE DESTINÉ À L'ADMINISTRATION

▪ Tableau 2051 (passif)

cerfa N° 10938 * 15
Formulaire obligatoire (article 53 A du Code général des impôts)

② BILAN — PASSIF avant répartition

DGFiP N° 2051 2013
@internet-DGFiP

Désignation de l'entreprise ______________________   Néant ☐ *

			Exercice N	Exercice N - 1
CAPITAUX PROPRES	Capital social ou individuel (1)* (Dont versé ....)	DA		
	Primes d'émission, de fusion, d'apport, ...	DB		
	Écarts de réévaluation (2)* (dont écart d'équivalence EK)	DC		
	Réserve légale (3)	DD		
	Réserves statutaires ou contractuelles	DE		
	Réserves réglementées (3)* (Dont réserve spéciale des provisions pour fluctuation des cours B1)	DF		
	Autres réserves (Dont réserve relative à l'achat d'œuvres originales d'artistes vivants * EJ)	DG		
	Report à nouveau	DH		
	RÉSULTAT DE L'EXERCICE (bénéfice ou perte)	DI		
	Subventions d'investissement	DJ		
	Provisions réglementées *	DK		
	TOTAL (I)	DL		
Autres fonds propres	Produit des émissions de titres participatifs	DM		
	Avances conditionnées	DN		
	TOTAL (II)	DO		
Provisions pour risques et charges	Provisions pour risques	DP		
	Provisions pour charges	DQ		
	TOTAL (III)	DR		
DETTES (4)	Emprunts obligataires convertibles	DS		
	Autres emprunts obligataires	DT		
	Emprunts et dettes auprès des établissements de crédit (5)	DU		
	Emprunts et dettes financières divers (Dont emprunts participatifs EI)	DV		
	Avances et acomptes reçus sur commandes en cours	DW		
	Dettes fournisseurs et comptes rattachés	DX		
	Dettes fiscales et sociales	DY		
	Dettes sur immobilisations et comptes rattachés	DZ		
	Autres dettes	EA		
Compte régul.	Produits constatés d'avance (4)	EB		
	TOTAL (IV)	EC		
	Écarts de conversion passif * (V)	ED		
	TOTAL GÉNÉRAL (I à V)	EE		
RENVOIS	(1) Écart de réévaluation incorporé au capital	IB		
	(2) Dont { Réserve spéciale de réévaluation (1959)	IC		
	Écart de réévaluation libre	ID		
	Réserve de réévaluation (1976)	IE		
	(3) Dont réserve spéciale des plus-values à long terme *	EF		
	(4) Dettes et produits constatés d'avance à moins d'un an	EG		
	(5) Dont concours bancaires courants, et soldes créditeurs de banques et CCP	EH		

* Des explications concernant cette rubrique sont données dans la notice n° 2032.

■ Tableaux 2052 et 2053 (compte de résultat)

cerfa N° 10167 * 17 ③ **COMPTE DE RÉSULTAT DE L'EXERCICE (En liste)** DGFiP N° 2052 2013

formulaire obligatoire (article 53 A du Code général des impôts) *(Timbre à date DGFiP)*

Désignation de l'entreprise : ______________________ Néant ☐ *

1er EXEMPLAIRE DESTINÉ À L'ADMINISTRATION

	France	Exportations et livraisons intracommunautaires	Total	Exercice (N-1)
PRODUITS D'EXPLOITATION				
Ventes de marchandises *	FA	FB	FC	
Production vendue { biens *	FD	FE	FF	
Production vendue { services *	FG	FH	FI	
Chiffres d'affaires nets *	FJ	FK	FL	
Production stockée *			FM	
Production immobilisée *			FN	
Subventions d'exploitation			FO	
Reprises sur amortissements et provisions, transferts de charges * (9)			FP	
Autres produits (1) (11)			FQ	
Total des produits d'exploitation (2) (I)			FR	
CHARGES D'EXPLOITATION				
Achats de marchandises (y compris droits de douane)*			FS	
Variation de stock (marchandises)*			FT	
Achats de matières premières et autres approvisionnements (y compris droits de douane)*			FU	
Variation de stock (matières premières et approvisionnements)*			FV	
Autres achats et charges externes (3) (6 bis)*			FW	
Impôts, taxes et versements assimilés *			FX	
Salaires et traitements *			FY	
Charges sociales (10)			FZ	
DOTATIONS D'EXPLOITATION — Sur immobilisations { - dotations aux amortissements *			GA	
DOTATIONS D'EXPLOITATION — Sur immobilisations { - dotations aux provisions			GB	
DOTATIONS D'EXPLOITATION — Sur actif circulant : dotations aux provisions *			GC	
DOTATIONS D'EXPLOITATION — Pour risques et charges : dotations aux provisions			GD	
Autres charges (12)			GE	
Total des charges d'exploitation (4) (II)			GF	
1 - RÉSULTAT D'EXPLOITATION (I - II)			GG	
OPÉRATIONS EN COMMUN — Bénéfice attribué ou perte transférée * (III)			GH	
OPÉRATIONS EN COMMUN — Perte supportée ou bénéfice transféré * (IV)			GI	
PRODUITS FINANCIERS				
Produits financiers de participations (5)			GJ	
Produits des autres valeurs mobilières et créances de l'actif immobilisé (5)			GK	
Autres intérêts et produits assimilés (5)			GL	
Reprises sur provisions et transferts de charges			GM	
Différences positives de change			GN	
Produits nets sur cessions de valeurs mobilières de placement			GO	
Total des produits financiers (V)			GP	
CHARGES FINANCIÈRES				
Dotations financières aux amortissements et provisions *			GQ	
Intérêts et charges assimilées (6)			GR	
Différences négatives de change			GS	
Charges nettes sur cessions de valeurs mobilières de placement			GT	
Total des charges financières (VI)			GU	
2 - RÉSULTAT FINANCIER (V - VI)			GV	
3 - RÉSULTAT COURANT AVANT IMPÔTS (I - II + III - IV + V - VI)			GW	

cerfa N° 10947 * 15   (4)   **COMPTE DE RÉSULTAT DE L'EXERCICE (Suite)**   DGFiP N° **2053 2013**

Formulaire obligatoire (article 53 A du Code général des impôts)

@internet-DGFiP

1ᵉʳ EXEMPLAIRE DESTINÉ À L'ADMINISTRATION

Désignation de l'entreprise ....   Néant ☐ *

				Exercice N	Exercice N – 1
PRODUITS EXCEPTIONNELS		Produits exceptionnels sur opérations de gestion	HA		
		Produits exceptionnels sur opérations en capital *	HB		
		Reprises sur provisions et transferts de charges	HC		
		Total des produits exceptionnels (7) **(VII)**	HD		
CHARGES EXCEPTIONNELLES		Charges exceptionnelles sur opérations de gestion (6 *bis*)	HE		
		Charges exceptionnelles sur opérations en capital *	HF		
		Dotations exceptionnelles aux amortissements et provisions	HG		
		Total des charges exceptionnelles (7) **(VIII)**	HH		
4 — RÉSULTAT EXCEPTIONNEL (VII — VIII)			HI		
Participation des salariés aux résultats de l'entreprise (IX)			HJ		
Impôts sur les bénéfices * (X)			HK		
TOTAL DES PRODUITS (I + III + V + VII)			HL		
TOTAL DES CHARGES (II + IV + VI + VIII + IX + X)			HM		
5 — BÉNÉFICE OU PERTE (Total des produits — total des charges)			HN		
	(1)	Dont produits nets partiels sur opérations à long terme	HO		
	(2) Dont	produits de locations immobilières	HY		
		produits d'exploitation afférents à des exercices antérieurs (à détailler au (8) ci-dessous)	1G		
	(3) Dont	— Crédit-bail mobilier *	HP		
		— Crédit-bail immobilier	HQ		
	(4)	Dont charges d'exploitation afférentes à des exercices antérieurs (à détailler au (8) ci-dessous)	1H		
	(5)	Dont produits concernant les entreprises liées	1J		
	(6)	Dont intérêts concernant les entreprises liées	1K		
	(6bis)	Dont dons faits aux organismes d'intérêt général (art. 238 *bis* du C.G.I.)	HX		
	(9)	Dont transferts de charges	A1		
	(10)	Dont cotisations personnelles de l'exploitant (13)	A2		
	(11)	Dont redevances pour concessions de brevets, de licences (produits)	A3		
	(12)	Dont redevances pour concessions de brevets, de licences (charges)	A4		
	(13)	Dont primes et cotisations complémentaires personnelles : facultatives A6 obligatoires A9			

RENVOIS

(7) Détail des produits et charges exceptionnels (Si le nombre de lignes est insuffisant, reproduire le cadre (7) et le joindre en annexe) :	Exercice N	
	Charges exceptionnelles	Produits exceptionnels

(8) Détail des produits et charges sur exercices antérieurs :	Exercice N	
	Charges antérieures	Produits antérieurs

Février 2015 – 126 468   N° 2053 - IMPRIMERIE NATIONALE

* Des explications concernant cette rubrique sont données dans la notice n° 2032.

Bibliographie

BRUNETIÈRE L., KAUFFER G., *Transmission d'entreprises*, CGEFI, avril 2011.

Collectif Eyrolles, *Créer ou reprendre une entreprise*, Eyrolles, 26ᵉ éd., 2013.

COZIAN M., DEBOISSY F., *Précis de fiscalité des entreprises*, Lexis Nexis, 36ᵉ éd., 2012.

COZIAN M., VIANDIER A., DEBOISSY F., *Droit des sociétés*, Lexis Nexis, 25ᵉ éd., 2012.

DAÏD G., NGUYÊN P., *Le guide pratique de l'auto-entrepreneur*, Eyrolles, 5ᵉ éd., 2013.

DÉNOS P., *SARL*, Eyrolles, 2011.

DÉNOS P., *SAS*, Eyrolles, 2011.

DÉNOS P., *SCI*, Eyrolles, 2011.

DESSOGNE S., *Que vaut mon entreprise ?*, Edipro, 2010.

DISLE E., SARAF J., *Le petit fiscal*, Dunod, 10ᵉ éd., 2013.

GREVET A., *La SCI*, Eyrolles, 2011.

LEGRAND V., de FAULTRIER J., *Entreprise individuelle*, Delmas, 12ᵉ éd., 2012.

MORA P., *Diagnostiquer son entreprise*, Eyrolles, 2010.

PALOU J.-M., *Les méthodes d'évaluation d'entreprise*, La Revue Fiduciaire, 2008.

Rebattet Ph., *Précis fiscal de l'immobilier d'entreprise*, Lexis Nexis, 2012.

Rezek S., *Achat et vente de fonds de commerce*, Lexis Nexis, 5ᵉ éd., 2012.

EFL, *Cession de parts et actions*, Francis Lefebvre, 2012.

EFL, *Gestion de la PME*, Francis Lefebvre, 2011.

Les commentaires de l'administration fiscale : www.bofip.impots.gouv.fr

Les articles du Code général des impôts : www.legifrance.gouv.fr

Index

CRÉATION D'ENTREPRISE
ANNE DELABY
PROFESSION
RESTAURATEUR
EYROLLES

CRÉATION D'ENTREPRISE

JEAN-BAPTISTE TOURNIER

MONTEZ
VOTRE BUSINESS PLAN
AVEC SUCCÈS

EYROLLES

CRÉATION D'ENTREPRISE

ELIZABETH VINAY

RÉALISEZ VOTRE
ÉTUDE DE MARCHÉ
AVEC SUCCÈS

Réduire les risques et travailler
le lancement du projet

EYROLLES

conception
réalisation
mise en page
pca
44405 Rezé cedex